Die Frau in der Literatur

Gertrud Kolmar

Eine jüdische Mutter

Erzählung

Mit einem Nachwort von
Bernd Balzer

Ullstein Taschenbuch

Die Frau in der Literatur
herausgegeben von Ursula Schröder

Ullstein Buch Nr. 30122
im Verlag Ullstein GmbH,
Frankfurt/M–Berlin–Wien
Ungekürzte Ausgabe
Umschlagentwurf von Hannes Jähn unter Verwendung
einer Radierung von
Edvard Munch
Mit freundlicher Genehmigung
des Kösel-Verlags,
München
Die erste Auflage
erschien 1965 unter dem Titel
›Eine Mutter‹

Printed in Germany 1981
Gesamtherstellung: Ebner Ulm
ISBN 3 548 30122 3

Juli 1981

CIP-Kurztitelaufnahme der
Deutschen Bibliothek
Kolmar, Gertrud:
Eine jüdische Mutter: Erzählung / Gertrud Kolmar.
Mit e. Nachw. von Bernd Balzer.
– Ungekürzte Ausg. –
Frankfurt/M; Berlin; Wien: Ullstein, 1981.
(Ullstein-Buch; Nr. 30122: Die Frau in d. Literatur)
ISBN 3-548-30122-3
NE: GT
VW: Chodziesner, Gertrud [Wirkl. Name] → Kolmar, Gertrud

Erster Teil

1

Der 19. August abends. Es herbstete schon. Die dürftigen Straßenbäume gilbten und fröstelten. Der Sturm lief als großer, langstelziger Vogel dahin mit schwarzgrau mächtigen Flügeln und trieb den Regen in Schauern hinein zwischen die Reihen verschmuddelter ältlicher Häuser. Das Pflaster glänzte. Die Straßenbahn surrte rieselnd und spritzend bergauf. Am dunkelrot rußigen Backsteingebäude des Bahnhofs vorbei. Über die Brücke, von deren Geländer der Blick hinabsprang tief in den Schacht, mit seinem enteilenden, nicht zu fern sich verwirrenden Gleisgezücht wie eine Schlangengrube. Die muffligen Häuser fielen zurück. Nun schob zur Rechten des Wagens sich die Krankenhausfestung breit an den Damm mit rötlichen Mauern und eisernen Toren, mit Türmchen und wildweingepanzerten Wänden und einem Uhrblatt vergoldeter Ziffern über dem Hauptportal. Zur Linken schlossen die letzten Gärten des Villenortes sich ab, altfränkische Gärten mit wilden Büschen und Bäumen, mit Bauten, flachdächig, säulengeschmückt, lächerlich südlich, italienisch, und solchen im schottischen Burgenstil mit Stufengiebeln und Zinnen. Über pfleglosem Rasen glomm ein Hochstamm tief safrangelber Rosen, viele tropfenschwer hängend. Und wo jetzt die Bahn das Krankenhaus ließ, erstand eine Welt der Laubengelände, der Schrebergärten, die Vorstadtwelt mit den Namensschildern: »Kolonie Sonntagsfreud«, »Grünfelde«. Zwischen den einzelnen Siedlungen aber öffneten öde Strecken sich, spärlich mit Feldwuchs bedeckt und spärlich von niedren, dichtwipfligen Kiefern behütet, die unter blauem Himmel wohl Pinien einer Campagna vortäuschen mochten, doch im Wolkendüster nur, windgefegt, vom Nordwesten Charlottenburgs sprachen. Über die offene Drahtzauntür lief eine Inschrift: »Zum Roßkaempfer«. Da führte ein ausgetretener Pfad durch schütteres Gras unter splintrigen Birken zur Kneipe, die ganz am Ende des Grundstücks weißschmutzig, bröckelnd und ärmlich lag.

Die Straßenbahnhaltestelle. Ein einziger Fahrgast stieg aus. Eine Frau, großgewachsen, im schlanken schwarzblauen Mantel; sie zückte prüfend den Schirm. Es stürmte noch, regnete nicht. Sie ging ein paar Schritt auf der Straße zurück, die sie eben gekommen, und bog in den ungepflasterten Weg, der zwischen das Kolonistenland und die Roßkaempfer-Wirtschaft rückte. Nun folgten sich rechterhand enge Gevierte mit ihren Gemüse- und Erdbeerbeeten und, um die Lauben, zerrauften Büschen lila und roter Dahlien. Links war an der Gasse dem Roßkaempferbau ein wustiger Garten benachbart, ein Holzhäuschen, morsch, mit verschwemmten Lettern unter dem schrägen Dach: Villa Grazietta. Die Siedler wußten, daß die Grazietta einem Fräulein in Riga gehörte, daß nur jener alte, unwirsche Mann jetzt einsiedlerisch darin hauste. Nun aber stellte sich wie zum Hohn neben das brüchige, schiefe Staket eine hohe, starke gelbliche Mauer, deren Pfeiler das eiserne Gittertor hielten; der eine Flügel war festgerammt, der andere stand weit offen. Die dunkle Frau stutzte eine Sekunde und schaute umher; dann trat sie rasch in den Hof.

Der Hof war auch nur Sand ohne Pflaster und jetzt von Pfützen verschlämmt. Zwei Ahornbäume beschatteten ihn, verfinsterten wohl auch die Fenster des schmucklos grauen, mehrstöckigen Hauses, das dem Eingange gegenüberlag. Das einen Ellbogen bildete und mit seinem kürzeren Arm den Raum zum Grazietta-Garten hin abschloß. Nach der anderen Schmalseite rannte im Winkel die vordere Mauer herum, überspäht von den grünen Blätteraugen eines verwunschenen Parks. Denn es war eine große Besitzung, »Schloß Binnwald«, aus der einst – und niemand wußte den Grund – dies Rechteck herausgeschnitten worden; da hatte der Erwerber vielleicht ein früheres Kutscher- und Gärtnerheim zum Mietshaus umgestaltet. Die dunkelgekleidete Frau wohnte hier in dem rückwärtigen breitern Gebäude. –

Sie zögerte. Sie stand, ihre Schlüssel schon zwischen den Fingern, stand wie in Staunen und blickte empor zur Regenrinne unter dem Dach und in das erfrischte, gesättigte Laub der Kronen. Jahrejahrelang kam sie nun heim, stets wieder hingenommen von diesem, was sie zum ersten Male betroffen, als sie die Gasse und hinter der Mauer das schweigsame Haus entdeckt, und was sie vermocht, über alle Mängel der Wohnung hinwegzugleiten. Dies war ein Klösterliches, der Friede, die Abgewandtheit, Abseitigkeit eines Stifts, etwas Träumendes, etwas Vergangnes, wiewohl das Bauwerk sein letztes Gesicht kaum vor der Jahrhundertwende erhalten. Solche Häuser liegen immer im Abend, und leise spiegeln die blassen Scheiben verschwelendes Untergangsrot. Nun aber waren sie düster. Die Frau ging hinein.

Die Frau stieg zwei Treppen hinauf und klingelte an einer Wohnungstür. Eine kleine freundliche Alte steckte den Kopf hervor, die weißen Haare sauber gescheitelt, die knochigen Backen wie Apfelwangen mit rotem Tupfen bemalt. »Ach, Frau Wolg!«

»Guten Abend, Frau Beucker. Ist meine Ursa da?«

Die Alte faßte nach einer dünnen silbernen Brosche am Kragen. »Die Ursel, nein, die ist nach der Laube. Mit meiner Anna und Elschen. Die haben den Guß wohl noch abgewartet, sonst wären sie schon zurück. Ich schick sie Ihnen gleich, wenn sie kommt.«

»Ja, bitte. Und hier, Frau Beucker, sind dreißig Pfennig, von neulich noch, für die Milch.«

»Das hätt auch noch Zeit gehabt.« Sie schob das Groschengeld in die Tasche der blau-weiß gestreiften Schürze. »Guten Abend.«

Das muntere Hutzelweibchen verschwand, die dunkle Frau kehrte sich, schloß gegenüber die eigene Wohnungstür auf.

Ein stockfinstrer Flur. Aber die Stube war hoch, war räumig, trug ohne jede Bedrücktheit und Enge das kräftige Mahagonibett in ihrer Mitte wie einen großen gebeizten Kasten, drin das Brot des Schlafes aufbewahrt wird. Ein gelblicher, in sich gemusterter Fransenwurf deckte es zu. Und seine Fülle lag hochgewölbt, bis an die Kante der Fußwand fast, an die Kugelknäufe der Pfosten. Mehr noch vielleicht als das plüschgrüne Sofa, mehr als der Aufsatz am Spiegelschrank oder der Kachelofen gab dies Bett dem Zimmer sein altväterliches, etwas spießiges Ansehn. Es fehlte nur das perlengestickte fromme Grußwort über der Tür und ein gipsener Schillerkopf auf der Konsole. Dafür hingen zwei rötliche Photographien über der matten, geblümten Tapete; das gerahmte Bild eines Mannes stand auf dem Nachttisch neben der Kerze. Und ein kleines nickelnes Kaffeegeschirr auf dem weißen Strickdeckchen glänzte.

Da war alles säuberlich eingerichtet, schön abgestäubt und ordentlich hingestellt, doch schaute dies kleinbürgerlich Geputzte so fremd auf die Frau, die hinging, Mantel und Hut an den Riegel hängte, die nassen Schuh streifte und wechselte. Denn sie war einfach, ganz unbewimpelt, wie sie vorm Schrank, vor dem Spiegel stand, den schweren, dumpfen Haarknoten löste in Nacht, ihn ballte und wieder im Nacken steckte. Dann blieb sie noch, blickte sich selbstvergessen in das große Gesicht mit den strengen Zügen, schlich den Querfältchen nach von der Nasenwurzel zur Stirn und anderen, die zu den Mundwinkeln krochen. Und plötzlich, von dieser Eigenbetrachtung wie von einer Unziemlichkeit überrascht und verletzt, wendete sie sich scharf, riß das nächste der beiden Fenster auf, und jagte die eingeschlossene grämliche Luft zu den Winden. Und sah ihr nach. Der heimliche Park des Schlosses Binnwald langte mit seinen Ulmen empor, die schon dicht wurden, silhouettenhaft flächig und finster am schwächlich grauen gebückten Himmel. Fern irgendwo schwebte ein leiser Streif, ein zartes, verblichenes Rötlichgelbes, wie flüchtig, ganz absichtslos hingewischt. Das Laubgeäst rauschte zuweilen auf, und einzelne Tropfen schütterten, rasselten nieder: Gepladder, kleine Trommelmusik. Und aus einem Röhrchen floß unaufhaltsam sickriges Spieldosenklingen. Goldschnäblige Amseln huschten umher, doch sangen sie nicht in den Abend mehr die Lieder aus schwarzem Sammet. Sie waren lange verstummt.

Die Frau im Dämmer hatte sich schon vom Fenster gewandt; sie hob den Fransenbehang vom Bette und faltete ihn, sie raffte Kissen und Decken und legte sie auf das Plüschsofa hin und machte ein Nest, ein kleines Lager. Dann ging sie über den Flur in die schmälere Küche, verquirlte, weil es nicht lohnte, im kalten Herd noch ein Feuerchen anzufachen, auf dem Spirituskocher Milch und Grieß, strich ein paar Butterstullen zurecht und lauschte hinaus in den Hof, als Stimmen und Schritte aufflackern wollten.

Ein dünnes, schüchternes Klingeln. Sie öffnete. Zwei junge Ärmchen wuchsen im Dunkeln um ein rundes Gesicht, das feucht und kühl und süß wie die Erdbeere war. Sie beugte sich hin und küßte es, undeutliche Worte murmelnd; ihr ernster, fast harter Blick verfiel und lächelte, nur eine Sekunde. Die Kleine trippelte mit ihr herein, kroch auf den Stuhl am Küchentisch, ließ sich den Pichel binden, lag mit dem Löffel hungrig im Brei und erzählte:

»Du, Mutter. Wir haben Rüben gezogen. Elschen hatte eine, die kriegte sie gar nicht raus. Und ich hatte eine, die war doppelt, mit zwei Beinen, so wie ein Mann. Frau Lange sagt, ich kann sie behalten. Aber wir haben alles in ihren Korb getan, und nachher haben wir dran vergessen. – Mutter?«

»Ja?«

»Hast du Hunde pho-to-graphiert?«

»Heute nicht.«

»Und gestern?«

»Auch nicht.«

»Und vorgestern?«

»Ja.«

»Was für Hunde?«

»Nur einen. Einen deutschen Schäferhund.«

»Ist der hübsch? Wie heißt der?«

»Vera.«

»Wehrer? So heißt er wohl, weil er sich wehrt?«

»Nein, Ve-ra. Das ist ein Mädchenname. Wie deiner. Wie Ursula.«

Das Kind sah besinnlich aus, die Zunge spielte zwischen den Lippen wie oft, wenn es etwas auf einmal nicht schluckte, erst Zug um Zug in sich sog.

»Sag mal, Mutter. Mäuse, das sind doch ganz kleine Hunde. Bei Frau Lange war eine Maus in der Laube. – Ein scheußliches Biest«, setzte sie plötzlich in tiefem Brustton hinzu, vermutlich so wie Frau Lange das sagte. »Elschen sagt aber, sie ist nicht scheußlich.«

»Und du?«

»Ich sag auch, sie ist gar nicht scheußlich. Tote Katzen sind scheußlich. Wir haben mal eine gefunden. Erich dachte, die hat einer ersäuft. Sie war noch ganz naß und angeklatscht... puh!«

Die Mutter schob ihren Stuhl zurück. Sie war nicht zimperlich, scheute sich nicht, auch nach dem Essen die Schildrung zu hören, ihr würgte kein Ekel die Kehle; aber die Teller standen nun leer, sie hitzte den Kessel, wusch das Geschirr und räumte und stökerte noch eine Weile in Küche und Stube herum. Und das Kind umhüpfte sie wie ein Flämmchen, das bald doch erlöschen soll. Dann nahm es sein bißchen bescheidenes Spielzeug, die Tiere, die Klötze, das Schiff aus Zeitungspapier und streute das alles über den mürben Teppich vorm Schrank und packte gleich wieder ein, weil es schlafengehn mußte. Denn hier gab es kein Betteln und Maulen, kein Trödeln wie anderswo, da die Kleinen durchaus noch aufbleiben wollen; wenn Mutter zur Ruhe ging, konnte das Kind nicht in die Nacht hinein spielen. Ab und zu war es freilich auch ungehorsam, dann pflegte die Mutter sich zu entkleiden, schweigend, ohne

Geschelte, und es kam der gefürchtete Augenblick, da sie sagte: »Jetzt mach ich dunkel.« Und immer bat zuletzt, schuldbewußt, der zarte, ängstliche Mund: »Mutter...?« – »Ja« – »Zieh mich doch aus.« Nun äugte es schon vom Nest auf dem Sofa, wie ein winziges Blumenmädchen aus weißer Rose im grünen Laub, hinüber zu ihr, die neben dem sanften, runden Licht der Petroleumlampe noch saß, seine Strümpfe stopfte. Es blinzelte, als sie ihr Kleid auf den Bügel hängte, nach Lappen und Seife griff, es schläferte schon; doch wie ein Gesättigter mit der Gabel die letzte Krume noch spießt, um ja nur den Bissen nicht zu vergeuden, so wollte es auch von der Helligkeit kein Tittelchen übriglassen und hielt die sperrigen Augenritzchen noch immer gewaltsam auf. Und sah, wie die Mutter nackt durch das Zimmer schritt, das Nachthemd entfaltete und über den Kopf warf; sie hockte auf dem Bettrande nieder und flocht ihren dicken Zopf. Und plötzlich fragte es mit seiner langsamen, träumenden Stimme:

»Mutter. Sag mal. Bist du eigentlich schön?«

»Warum . . . ?«

»Weil Elschen...« Es ermunterte sich. »Elschen hat mal gesagt, du bist nicht hübsch, und Erich hat auch gesagt, du bist häßlich. Aber Otto, der ist älter wie wir, der lernt schwimmen, weißt du, der hat gesagt: ihr seid dumme Affen, deine Mutter ist sehr schön.«

»So.« Die Mutter stand auf und reckte sich, sie schien sehr groß in dem langen, bleichen Gewande. »Das kommt darauf an, Ursa, wie *du* mich findest.«

»Ich finde, du bist schön.« Ein wenig müde, doch überzeugt klang es.

»Dann ist es ja gut, dann bin ichs. Komm beten.«

Sie falteten beide die Hände.

»Lieber Gott, ich bitte dich,
Gut und fromm laß bleiben mich;
Schenk mir nachts ein Sternelein,
Tags deinen hellen Sonnenschein.
Amen.«

Noch einmal strich ihm die Mutter leicht über das Haar und die Kissen. Sie trug die Lampe fort, löschte sie draußen und tappte im Finstern zurück.

»Mutter, bist du da?«

»Ja, Ursa.«
»Bist du auch schon in deinem Bett?«
»Ja.«
»Gute Nacht, meine liebe Mutter.«
»Schlaf wohl, liebes Kind.«

Sie lag aber, schlummerlos noch, die Hände unter dem Nacken, sie fühlte Schwärze aus Stubendecke und -wand in ihre Augen rinnen und schloß die Lider erst, als von drüben ein tiefer, klarer, gleichmäßiger Atem zog.

2

Martha Jadassohn kam mit den Eltern aus einer kleinen westposenschen Stadt, mochte sie Bomst oder Meseritz heißen, nach Berlin, wo des Vaters einzige Schwester verwitwet hauste. Sie war das jüngste und letztüberlebende Kind der Alten und führte ihnen seit Schulabgang den bescheidenen Haushalt: die tuntlige Mutter schaffte wohl auch noch, kochte; ein Dienstmädchen hatten sie nicht. Sie lebten still; außer der Tante kam selten Besuch, und sonst ging man nirgendwo hin. Denn das Ehepaar, das sein Lebtag Friedsamkeit und Beschränkung gewohnt, fand in der weiteren, wilderen Stadt sich immer ein wenig verschüchtert. Sie waren nicht mißtrauisch, beide, und dachten nicht ihr Kind vor dem Umgang mit jungem Volk zu behüten; aber wo sollte die Tochter junge Leute auch kennen lernen? Sie traf nicht wie andre mit ihnen auf Festen oder beruflich zusammen und hatte dies starr geschlossene, abweisende Gesicht nicht bloß dann, wenn einer im Hausflur, vorm Laden mit ihr ins Gespräch kommen wollte. Ob sie mit ihrem Lose, mit ihrer Arbeit zufrieden sei, fragte und wußte niemand; sie fegte wortkarg die Stuben, saß an der Nähmaschine, vertrieb ihre freie Zeit mit einem Buch oder ging ein, zwei Stunden ganz allein durch entferntere Straßen spazieren. Bei Sommerwetter mochte sie auch mit den Eltern in einer Anlage hocken, dann schritt sie wohl zum Bahnhof hinüber und schaute ein Weilchen mit seltsamen Augen zu den ein- und ausfahrenden Stadtbahnzügen empor. So fand sie die letzten der Zwanzigerjahre und kannte noch jämmerlich wenig von dem, was die Menschen Erlebnis nennen.

Es hatte hier wie in anderen Häusern nach dem Kriege ein Mieterrat sich gebildet. Nun ward eine Sitzung anberaumt, um vor allem die Frage der Kohlenbeschaffung und des abendlichen Torschlusses zu regeln. Marthas Vater, schon damals von einer Krankheit gepackt, die ihn später erwürgen sollte, lag zu Bett und verzichtete ungern darauf, in der Sache mitzubestimmen. Und da die Mutter sich selbst im Herzen zu ungewandt, zu tüterig war, sich fürchtete, vor einem Dutzend Menschen eine Rede halten, ihnen gar widersprechen zu müssen, so wurde ihre erwachsene Tochter als Abgesandte geschickt.

Die Versammlung tagte im Heim des Großhändlers Wolg, eines gebildeten und offenbar wohlhabenden Mannes. Des Großhändlers Sohn, Ingenieur Friedrich Wolg, sah Martha Jadassohn, die er zuweilen flüchtig gegrüßt und kaum angeblickt, heute so recht zum ersten Mal und hörte sie ruhig und knapp, mit Entschiedenheit, mit gesichertem Willen reden. Sie zeigte sich vorteilhaft vor ein paar Damen, die sehr erregt durcheinanderschwätzten, vom Hundertsten ins Tausendste kamen und deren Meinungsbegründung sich immer in kleine Anekdoten verlor. Er trat sogar mit ihr ins Gefecht, da er als Schildknappe seines Vaters vorsprang, und benützte das, sie am nächsten Tag vor dem Hauseingang anzusprechen. Dies war der erste Griff, und nun rollte das Weitere sich ab wie ein Knäuel, von dem eine Hand den Fadenanfang gefunden.

Der alte Wolg stellte sich feindlich. Ihm, seiner jovialen, behaglichen Art, mißfiel das herbe, schweigsame Mädchen; er nannte sie einen Trauerlappen und kalt. Sie paßte ihm auch als Jüdin schlecht und als unbemittelte Jüdin schon gar nicht. Dem Sohne hielt er besonders vor, daß sich seine Frische und Lebhaftigkeit an solcher Frau auf die Dauer stoßen, sich abstumpfen müßte. Daß diese Strenge, die dem Verliebten als Jungfrauenscheu, Unberührtheit erschien, mit der Hochzeit nicht absterben würde und nur das Weib hinderte, dem Manne Kameradin und Freundin zu sein. Er könnte fast ebenso gut ein antikes Steinbild ehelichen. »Wir leben im zwanzigsten Jahrhundert, nicht in Jakobs Zelt. Alttestamentarisch sieht sie schon aus; sie müßte Lea, nicht Martha heißen. Sekt auf Eis, meinst du? Glaub ich nicht. Eis schon: ein ganzer Klumpen. Jerusalem am Nordpol. Sie ist stärker als du, das spür ich, bloß wenn ich sie sehe. Und wenn du mal anders willst als sie: die duckst du nicht. Entweder du reißt aus, oder sie bricht dich in Stücke. Ohne Gnade.« Die Warnungen halfen nicht viel.

Martha nun liebte Friedrich Wolg eigentlich wider Willen; es dünkte ihr erst Verworfenheit, überhaupt an einen Christen zu denken. Die Eltern fragten nicht, wußten genug, seit sie der Ingenieur ein paarmal unter dem nichtigsten Vorwand besucht und stundenlang mit Mutter und Tochter zusammengesessen. Und eines Morgens winkte der Vater das Mädchen mit kraftlosem Flüstern her; die Mutter horchte bekümmert im Winkel. Er hätte nichts dagegen. Ein Glaubensgenosse wäre ihm lieber gewesen, ja.

Doch er hätte auf seinem Krankenbett sich die Dinge so durch den Kopf gehn lassen und sähe manches nun anders ein als bisher. Sonst ließe sich ja an dem jungen Mann nichts tadeln. Und die Wolgs wären reich und die Zeiten hart, und er wüßte gern sein Kind gut versorgt vor dem Scheiden. Eine Woche drauf starb er.

Hans Wolg betrachtete diesen Todesfall als besonderes Unglück für seinen Sohn, der, wie er vor seiner Gattin schalt, »alle Augenblicke« nach drüben schlich, »um die weinenden Hinterbliebnen zu trösten«. Er änderte seinen Kriegsplan jetzt, um, was ihm der offene Kampf versagt, mit Listen und hinterrücks zu gewinnen. Er wußte, daß Friedrich wie er selbst zu den Sanguinikern zählte, deren Gefühl große Stärke hat, aber geringe Dauer. So nützte er gute Beziehungen aus und schickte den Toren vorerst nach England, auf ein paar Jahr, wie er hoffte. Dort würde er andere Weiber genug zu sehn und zu schmecken bekommen, und dies Funkelfeuerchen für die eine würde aus Mangel an Nahrung zuletzt sehr sicher und sänftlich sterben. Die Rechnung wäre wohl richtig gewesen. Zu früh nur, schon nach einem halben Jahre, kehrte Friedrich zurück und schien nun vernarrter denn je. Er hatte, obschon er seiner Braut im Abschiedsschmerz die Treue versprochen, durchaus nicht den Mönch gespielt, pflegte sich aber vor dem Alten sehr abfällig über die britische Schönheit zu äußern, über die Fadheit, dieses Gelabber, Milchbrei mit Himbeersaft. »Wenn ich Blauaugen will und blondes Haar, brauch ich bloß in den Spiegel zu gucken.«

Es glückte ihm schließlich auch, die Mutter um günstigen Wind zu bitten, und sein Vater, der eben so eisern war, wie Wetterhähne es sind, drehte sich widerwillig und knarrend nach der erwünschten Seite. Aus Martha Jadassohn ward Martha Wolg; sie wirkte still und gefaßt; Friedrich war heftig verliebt und glücklich.

Die Enttäuschung kam bald. Wenn auch der junge Ehemann, um seinen Warner Lügen zu strafen, den Irrtum nicht zugeben mochte. Doch meinte er schon in der ersten Zeit einmal zu Martha, spottend: »Ich habe eigentlich gar keine Frau, nur eine Geliebte.« Er sprach wahr. Denn sie lebte mit ihm nur in einer Gemeinschaft der Nächte; er nannte sie lächelnd Vesuv oder Ätna und Krakatau, weil ihre Umarmung den Ausbrüchen eines scheinbar ruhigen, heimlich glimmenden Kraters glich. Später freilich ermüdete, plagte ihn fast der jähe Wechsel von Kälte und Hitze. Und das Wesen, das er bei

Tage kannte, bedrückte und langweilte ihn. Daß sie von seiner Arbeit wenig verstand, obwohl sie aufhorchen und ja sagen mochte, konnte er schon verzeihn; ärgerlich war, daß sie kaum eine seiner Neigungen teilte. Sie wollte nicht paddeln mit ihm, nicht auf dem Motorrad sitzen, und an dem Rundfunkgerät im Eck blieb meist er der einzige Hörer. Ging er ins Kino, ins Kaffeehaus oder auch nur zu Bekannten, so fand sie stets einen kurzen Grund, einsam daheim zu bleiben. »Das ist doch alles ganz angenehm«, überredete er sich selbst, »ein bequemeres Eheweib könnt ich mir gar nicht wünschen.« Er empfand es nicht so. Es war ein Seltsames da, ein Fremdes, etwas... er suchte den Namen dafür.

Dies vielleicht, daß sie aus anderem Blut, daß sie Jüdin war. Sie hatte aber die Sitten und Bräuche ihrer Ahnen nicht mitgebracht, feierte keinen Freitagabend und dachte niemals daran, in den Tempel zu gehn. Sie ließ ihren Glauben doch nicht. Denn er war ihr nicht angezogen so wie ein Kleid, das man auswaschen oder verschleißen und leichthin abwerfen kann, sondern war mit ihr geworden wie eine Haut, verwundbar, doch unverlierbar, unlöslich. Friedrich empfing ein Zeichen davon; so kam es zu ihrem ersten knappen Zerwürfnis.

Sie machten zusammen Einkäufe in der Stadt. Und die schwangere Frau stand still vor einem Wäschegeschäft, betrachtete einen Augenblick die zierlichen Kinderröcke und -jäckchen. Er nickte zum Schaufenster hin: »Das da, das wäre ein nettes Kleidchen – wenn unsers ein Mädel wird – ein Taufkleidchen...«

Sie drehte sich, wendete schwerfällig sich nach ihm um und sprach wie in ungemeßnem Erstaunen:

»Taufkleidchen? Unsere Kinder werden doch nicht getauft?«

Er murmelte: »Ich dachte...«

Sie entgegnete ruhig: »Du hattest mir etwas versprochen, das weißt du.«

Er zuckte die Achseln. »Es fragt sich, ob solch ein Versprechen mich binden würde. Ich hab mal darüber gelesen –«

Ihre Stimme war kalt. »Es ist ganz gleich, was du drüber gelesen hast. Wenn du dein Versprechen nicht halten willst und den Pfarrer aufhetzt« ... Sie unterbrach sich: »Es ist unnütz zu drohn, wenn man noch nicht weiß, was man tut. Aber bedenke«, sagte sie leise, »daß unser Kind noch in mir ist, in meinem Schoß und daß du es, wenn es geboren ist, nicht mitschleppen kannst in deine Fabrik und daß ich es, wenn du es mir auch nimmst, überall finden werde.«

Sie schritt einsilbig neben ihm her. Er plänkelte noch vor dem Rückzug ein wenig, in die Luft hinein; denn sie wehrte ihm nicht. Sie siegte.

Seine Eltern waren empört; besonders der Vater gebrauchte kräftige Worte. »Eine Jüdin ... Sie sollte froh sein, wenn ihr Balg christlich erzogen wird.« Friedrich schien ganz verstört. »Ich bitt euch um eins, zankt bloß nicht mit ihr, laßt sie in Frieden. Ihr kennt sie nicht. Sie ist imstande und tötet das Kind; das ist eine Medea!« – »Megäre«, brummte der Vater. Die Mutter aber schaute den Sohn nur mitleidig an und seufzte.

Martha brachte das Kind zur Welt und stürzte sich drauf, einer hungrigen Wölfin gleich, wie die Schwiegereltern das nannten. Es war ja ihr Kind, nur das ihre. Als hätte bei seinem Entstehen des Vaters Helle mit dem Dunkel der Mutter gekämpft und ihr Finsteres hätte sein Lichtes zuletzt erschlagen und aufgefressen. Ursulas Auge und Haar waren nächtig, die Haut war gelblich, fast braun, klang tiefer noch als der Elfenbeinton im mütterlichen Gesicht. Und auch ihre Züge verrieten von Friedrich Wolg nichts. Ihn freute natürlich das kleine Geschöpf, doch wurde sein Vaterstolz bald gedämpft, da es ihn gleichsam mit winzigen Fäusten aus Marthas Leben verstieß. Sie dünkte ihm oft eine Wilde jetzt, die er gewaltsam im Käfig hielt, die nur trachtete auszubrechen. Trat er zu ihr, sie hatte das Kind an der Brust, so sah sie ihn wortlos an mit fremdem unheimlich flackernden Blick wie eine Tiermutter, die um ihr Junges zittert. Nie stritt sie mit ihm, sie quengelte nicht; meist schob sie ihn ohne viel Wesens beiseite wie ein Ding, das man gerade nicht braucht. Und wollte er trotzen, doch vor ihr gelten, so baute sie sich eine Zauberwand, in die seine Hacke sauste. Die Wand wich zurück, der Schlag fiel ins Leere, sein Arm schmerzte nur, und sie stand unversehrt, wo sie sich vorher getürmt.

Einmal traf Martha ihn unterwegs mit einem hübschen Mädchen, einer jungen Angestellten des Werkes, das ihn beschäftigte. Da schwieg sie. Er wollte sich rechtfertigen. »Es ist nichts, du kannst mir glauben.« Es war wirklich noch nichts. Martha sagte gelangweilt, träge:

»Laß. Ich hab mich ja nicht beklagt.« Er haspelte weiter; sie fegte die Krümel vom Tisch. Gleichgültig: »Gut.« Er ertrug diese Art nicht mehr. Er tat, was sein Vater ihm prophezeit, und entfloh. Nach Amerika rückte er aus. Fast ein Jahr blieb er fort, kehrte heim als Schwerkranker und starb. Seine Eltern zürnten der Schwiegertochter, die ihren Sohn vertrieben; in der Heimat hätte er, meinten sie, noch ein langes Leben geführt. Und sie gaben ihr insgeheim die Schuld an seinem frühen Tode.

Martha stand unsicher auf der Welt. Von dem Manne hatte sie nichts geerbt, von ihrer verstorbenen Mutter sehr wenig. Die alten Wolgs liebten sie nicht. Aber es sollte sie niemand verschrein, daß sie die kleine Enkelin hungern ließen. Und fremde Augen, die Friedrichs Ehe nur immer als glücklich gekannt, brauchten auch jetzt noch nicht zu sehn, daß sie anders beschaffen gewesen. So schanzte Hans Wolg die berufslose Witwe der Frau Hoffmann als Lehrling zu. Und Martha zeigte, fast wider Erwarten, sich so gewillt, so begabt, daß, als die Gesellenzeit auch vorbei, die feine alte Dame sie sich zur Mitarbeiterin wählte. Ihre besondere Meisterschaft erwies sie als Tierabbildnerin, ja, sie führte die Tieraufnahmen bei Lydia Hoffmann erst ein. Ein junger Neufundländer, den sein Herr nur zufällig mitgebracht, gab den Anfang; bald ward es Sitte im reichen Westen, die Schoßhunde und Angorakatzen, die Äffchen und Papageien von ihr photographieren zu lassen. Gelegentlich ging sie den kurzen Weg von der Werkstatt zum Zoologischen Garten, um dort für eine Zeitschrift vielleicht die heiligen Rinder zu knipsen. Zwischen ihr und der Wolgfamilie indes schliß das mürbe Band immer mehr, so daß es ohne hörbares Knacken eines Tages vollends zerriß. Und Ursa bewahrte kaum ein Erinnern an ihre Großeltern auf; was die Mutter ihr bot, waren schmuddlig-blaße, unansehnliche Bildchen nur, und sie fragte selten nach ihnen. –

Martha, damals noch ungewiß, wie das Schicksal sie ducken würde, hatte die teurere Neubauwohnung mit einer billigen, kleinern vertauscht, fand Stube, Kammer und Küche genug, auch als ihr der Mut und der Beutel sich strafften. Eine eigene Wohnung, Altwohnung, schien hoher Besitz, selbst wenn sie ganz ohne Bequemlichkeit war, ohne Dampfheizung, Gasherd, elektrisches Licht und »halb aus der Welt«, wie Frau Hoffmann meinte. Flurnachbarn waren Herr Otto Lange, Magistratssekretär, Anna, die Frau, Elschen, die Tochter, ein auffällig hinkendes kleines Mädchen, und Frau Beucker, die Schwiegermutter. Und eines Morgens, als Martha ihr Kind, wie sie's gewohnt, in den Hort bringen wollte und eben die Tür von draußen verschloß, guckte Frau Beucker aus ihrer Höhle und trug ein Anliegen vor. Die Ursel hätte sich doch schon so gut mit ihrer kleinen Else befreundet, und ob sie nicht dableiben könnte. Sie hätte, Frau Beucker, Zeit genug, sich um die beiden zu kümmern, und auf einen Löffel Suppe zu Mittag käme es auch nicht an. Und das Wetter sei heute doch schauderhaft, richtig zum Schnupfenholen. In der Folge ward Ursula Tag für Tag bei Frau Beucker in Kost und Pflege gegeben, die räumte auch Zimmer und Küche klar und empfing von Frau Wolg für das Liebeswerk allwöchentlich ihre Vergütung.

3

Sie stand auf dem Damm, auf der steinernen Insel, erwartete ihre Bahn.

Das Pflaster bleichte ein glühender, wolkenlos blauer Himmel. Unendlich sausende Automobile wirbelten goldenen Staub. Die Kaiser-Wilhelm-Gedächtniskirche schien mit ihren Türmen Silvesterbleiguß, der bald in der Hitze schmolz. Und all diese flirrenden Kinder und Frauen hatten nach häßlichen Regentagen das schönste, lichteste, zarteste Kleid noch einmal hervorgeholt und wehten und schimmerten. Ein junges Weib steuerte durchs Gedräng den grasgrünen Kinderwagen; hoch über seinem Verdeck tanzte ein seliger Luftballon, rosa mit silberner Mühle. Dort in den pelargonienbehängten niedern Veranden der großen Cafés tranken die Gäste ihr Schälchen Mokka, ihren Becher Eisschokolade. In das Löwentor des Zoologischen Gartens rann unerschöpflicher Menschenstrom, und mancher, dem Geld oder Muße fehlte, hing doch für Sekunden am Gitter fest, um, vor seinem indischen Tempel wandelnd, den Elefanten zu schauen. Ach ja, dachte sie, ich wollte mit Ursa doch wieder einmal zu den Tieren gehn, ich hatte es ihr versprochen. Ich hätte mich mit Frau Beucker verabreden sollen. Sie hätte das Kind in die Bahn gesetzt, und ich hätt es hier abgefangen. Nun, morgen vielleicht, wenn das Wetter nicht umschlägt. Ihr Wagen kam, sie stieg auf. –

Als sie bei Langes klingelte, öffnete ihr der Beamte selber, ein schmaler, kleiner, milchiger Herr mit dünnem fahlblonden Haar. Er wunderte sich ein wenig. Spielten nicht Ursel und Elschen im Hof, vorm Tor mit den anderen Kindern? Sie hatten ihn doch erst eben begrüßt beim Kommen. Martha dankte, betrat ihre Wohnung, leerte das Einkaufsnetz, tat den Hut vom Kopfe, richtete dies und das, entschloß sich, da draußen die Bläue lockte, noch einmal hinunterzugehn und ihre Ursel zu suchen. Weit konnte sie ja nicht sein. So, zwischen der Mauer des Schlosses Binnwald und Laubenfleckchen, stieg sie ins Spreetal hinab.

Sie blickte über die Gärten. Im Osten tief schwamm ein falber taubenfarbiger Streif. Und in diesen späten Nachmittag, in diesen frühen Abend leuchteten Blumen wie überspielt von der reinen, durchsichtigen Luft. Schwarzpurpurne Dahlienbüschel, orangene Tupfen Studentenblumen, honiggelbe, rahmweiße Gladiolen, Naschkelche für Hummeln und Bienen, die auch der Goldraute Sprühwedel noch vereinzelt umsummten, die prallen, steifgetragenen Köpfe des Goldballs Rudbeckia. Selbst das wüste Nesselgestrüpp an den Zäunen wies freundlicheres, sauberes Grün. Und überall vor den Lauben, den Buden mühten sich Leute, stützten die schweren Tomatenpflanzen, nahmen die faulen, die reifen Früchte, gruben das Bohnenbeet um und sammelten unter den kleinen Bäumen spärliches Fallobst auf. Bisweilen noch, aus dem Traum gescheucht, irrte ein weißer Falter fort, liebend zitternde Seele.

Martha hatte durch Maschengeflechte immer nach ihrem Kinde gespäht, aber das Grauröcklein nirgends entdeckt, noch sein warmes, schon dunkelndes Stimmchen vernommen. Nun war sie im Grunde, vom flachen Ufer nur durch den Schienenstrang getrennt, der die träg ihre Zillen schleppende Spree ein Wegstück begleitete. Sie stand und schaute umher in der Landschaft, die Frau Hoffmann nach einem Sonntagsbesuch »Deutsch-Nordwestafrika« und »Neu-Kamerun« taufte. Denn wirklich war dies eine Welt des Werdenden, des Unfertigen, der Gegensätze: auf unwirschem Wüsten- und Steppengebiet ungeregeltes Bauen. Weit droben guckten jetzt ängstlich und klein die Lauben von ihrem hohen Berge, dessen Abhang als eine riesig kahle, steile Sandlehne fiel; auch hatte, wer irgend Sand gebraucht, ihn stellenweis ausgeschachtet. Und dort wieder fraß sich als ekles Geschwür der Schutthaufen ein, der Müll: Porzellanscherben, löchriges Kochgeschirr, Pappe, verschimmelte Lumpen. Aus baumloser Einöde jenseits des Flusses stieg eine große rote Fabrik jäh in vergehenden Himmel; weiter vorn aber ruhte, dörfliches Bild, ein Alter im üppigen Ufergras und weidete seine Ziegen.

Martha überquerte das Gleis neben Stellwerk und Schranke, erblickte ein kleines blondzöpfiges Mädchen, das mutterseelenallein am Strand auf dem schmalen Wiesenstreif hinkte; es trug ein kindliches Fischfanggerät, aus Stock und Schnur und verrostetem Marmeladeneimer gefertigt. Nun stand es still, schrie über die Flut in der Richtung des lagernden Ziegenhirten, doch ohne Erwiderung wohl. Ach Gott, dachte Martha Wolg. Ich hab ihnen nun schon so und so oft und Frau Lange hat ihnen auch verboten, ans Wasser zu gehn. Es nützt aber nichts. Und wenn eins abrutscht, kommt keiner zu Hilfe, hier ist es so menschenleer. Wenn Ursa ertrinken müßte ... Sie schloß die Augen. Dann rief sie. Die Kleine stutzte, schleifte sich her, gab die Hand und knickste.

»Hör mal, Elschen. Also erstens: ihr wißt doch und könnt es euch endlich merken, daß ihr jenseits der Schienen nicht spielen sollt. Wenn ihr ins Wasser fallt, zieht euch niemand raus. Der Hirt da drüben springt dir gewiß nicht nach. Und zweitens: wo ist denn Ursa?«

»Ursa?« Das Kind sah verdutzt sich um, als ob es in diesem Augenblick erst die kleine Freundin vermißte. Dann fiel ihm ein: »Die ist doch mit Max und Erich gegangen.«

»Wohin denn?«

»Dahin.« Es streckte den Arm. In geringer Entfernung zeterte Jungensgeschrei, sehr gell im abendlichen Verklingen. Martha schritt rasch darauf los; Elschen folgte langsam und neugierig, ungewiß, ob sie mitkommen sollte.

»Welcher von euch ist nun Erich, und welcher ist Max?«

Ein Knirps trat vor.

»Du bist Erich?«

»Ja.«

»Und wo ist Max?«

»Der ... der ist weg ... nach Hause.«

»Sag mal, ihr habt mit der Ursula Wolg gespielt; wo habt ihr die denn gelassen?«

» ... mit der Ursula Wolg ...?«

»Der Ursa, ja. Ich rede doch deutsch? Wo ist die?«

»Die ... die wird wohl zu Hause sein, der Mann hat sie doch gerufen.«

Der Mann? In der Herzuhr knackte ein kreisendes Rädchen, setzte aus, eine Sekunde nur. »Was für ein Mann?«

»Ich weiß nicht, ich kenn ihn nicht.«

Er entgegnete lümmelhaft patzig jetzt, über die grobe Störung verdrossen. Sein Kamerad hielt den braunen Fußball schon steif in erhobenen Händen, ihn zu schleudern, wenn dieses lästige Weib sich endlich davonmachen wollte. Sie drehte sich nicht.

»Nun komm mal – komm hierher und erzähle, ordentlich hintereinander. Das ist sehr wichtig.«

Kinder fühlen sich gerne wichtig und wesentlich, Hauptpersonen, und so fand Erich gleich selbst Gefallen an seinem Vortrag, der Schilderung, da nun auch die Gefährten sich aufmerksam zuhörend um ihn scharten. Er wäre mit Max und Ursa vorhin auf dem Sandberg herumgeklettert, da sei von oben, er zeigte den Weg, plötzlich ein Mann gekommen, der hätte immer gerufen: Ursel! Ursel! und dann: Komm her, komm gleich, du sollst mal zu deiner Mutter! Ursa hätte gezögert; sie meinte: Das ist ja ein fremder Mann. Aber Max ermahnte: So lauf doch schon, du hörst, deine Mutter sucht dich. Da wäre sie schließlich hingestapft und mit dem Mann mitgegangen.

Er stand, seine ganze Gesellschaft stand und starrte die Frau an, was sie nun sagen würde, was da so wichtig hieß. Und keins vernahm, weil sie Kinder waren, daß sie schon sprach, als ihr großes Gesicht einen Schein blasser wurde, als ihre Hand sich krampfhaft schloß, als die Nägel sich in die Handfläche bohrten, sich der Mund wortlos öffnete, Atem zog und wieder zusammentat, schnappend fast wie ein Fisch auf dem Sand mit den meerfernen, unverstehenden Augen. Und die Frau sagte:

»Wie sah der Mann aus?«

»Ich weiß nicht, ich hab ihn nicht angeguckt; er hatte 'ne Mütze auf, glaub ich. Vielleicht hat Max –«

»Wo wohnt Max?«

»Max Hinnes? Der wohnt in der Villa bei Fellenbachs . . . dem sein Vater ist Gärtner.«

»Und wo ist die Villa?«

Ein Junge, der älteste wohl von allen, bot sich gönnerisch an: »Ich werd mitgehn. Ich zeig sie Ihnen.«

Sie nickte. »Gut.« Die andern beratschlagten in Hast, ob sie sich anschließen sollten, erklärten sich aber nach kurzem Getuschel für Bleiben und Weiterspielen.

Es war jener Garten. Mit dem ergrauten römischen Hause, dem Rasen voll wilder Blüte, mit dem mächtigen Hochstamme glimmender tief safrangelber Rosen. Das schmale Gittertor schien versperrt; aber der Bursche kannte den Pfiff, es auch von draußen zu öffnen. Durch einen Hintereingang stiegen sie ein, zwei Stufen zur Gärtnerwohnung hinab.

Sie klopften. »Herein.«

Eine Küchenstube, niedrig und vollgepfercht, von vergitterten Fenstern düster. Der Gärtner, ein großer sehniger Alter in Hemdsärmeln, mit nackter struppiger Brust, erwiderte den Gruß und fuhr auf; er schien hier die meiste Lebensart zu besitzen. Die Frau und zwei erwachsene Töchter saßen weiter so flätzig, so plump und breit und brotkauend da und stierten die Eindringlingin an, böse, fast knurrig, wie Hunde, die man beim Fressen stört. Eine grüne Gurke lag im Papier, und ein paar leerer Bierflaschen stand auf dem Tische. Max, der Spätling, kroch aus dem Eck und wurde von seinem Vater selbst einem knappen Verhör unterworfen. Es brachte nichts Neues zutag. »Na, wollen wir hoffen, daß sie sich doch noch anfindet«, brummte der Alte, der Meinung wohl, daß er ihr wie einer Leidtragenden etwas Tröstliches sagen müßte. In den rohen Zügen der Weiber jedoch stand unklar zu lesen: Macht die ein Gewese um ihre Göre! Sie soll schon gehn. Sie ging.

Martha ging und der Gärtner begleitete sie, da, wie er die unnütze Höflichkeit vor seinem Weibe bemäntelte, er vorn sowieso zuschließen wollte. Sie schwieg. Und fragte plötzlich, als gäb es für sie nichts Näheres auf der Welt und so von sich selber überrascht, als ob eine Fremde spräche:

»Die Rose... wissen Sie, wie die heißt?«

»Die gelbe da? ›Melodie‹. Es schreibt sich aber mit einem Ypsilon am Ende.«

»Melody«, wiederholte sie leise. Und fühlte: Meine Ursa war eine dunkelgelbe Rose. *»War?«* dachte sie zitternd, »war...? Mein Gott, sie *ist* ja, sie lebt ja doch! Ich weiß es – ich will es wissen!«

Sie stürzte über den Damm. Und diese scheue, strenge Frau rief Menschen zur Tür und an den Zaun ihrer kleinen Laubengelände; sie lehnten den Spaten, die Hacke hin, setzten den Eimer nieder, dienstbereit oder widerwillig, neugierig oder gelangweilt. Nein, sie hatten gar nichts gesehn, sie waren erst eben gekommen. Nein, sie hatten Erdbeern gepflanzt und sich um sonst nichts gekümmert. Ja, ein Mann war vorbeigegangen mit einem kleinen Mädchen. Mit einem blonden im blauen Kleidchen, nicht wahr? Martha sank das Herz. Wie eine blinde Bettlerin war sie. Sie tastete, streckte die Hand: hier nichts und dort nichts, und was man ihr bot, erwies sich als wertloser Knopf, mit dem sie nichts anfangen konnte. Und ab und zu noch die grausamen, entsetzlichen Mitleidsworte: »Ach ja, man hört so viel Schreckliches jetzt; es gibt zuviel schlechte Menschen. Solch ein harmloses Kind ...« Doch dann wieder – Gott vergelts –: »Na, wissen Sie, regen Sie sich nicht auf, das wird sich noch ganz friedlich erklären. Unsere Hertha hat auch mal einer geholt, der hatte ein Kleines im Kinderwagen, und sie sollte bloß aufpassen, daß es nicht 'rausfiel, solange er in der Budike war.« Solche nährenden Reden schlang die Verschmachtende dankbar und gierig ein.

Frau Beucker rumpelte ihr entgegen; sie wußte von Elschen genug. »Ich hab auch schon überall 'rumgefragt«, berichtete sie, »aber leider ...« Und diese alte verhutzelte Mutter streichelte der jüngeren starken mitfühlend den Arm. »So, und jetzt kommen Sie mal nach Hause und essen erst was, Frau Wolg. Sie müssen doch abgespannt sein. Und morgen früh – wenn bis dahin nicht schon jemand das Kind zurückbringt; denn nun wissens ja alle hier – dann gehen Sie zur Polizei. Heut haben die sicher schon Schluß gemacht, und über Nacht tun sie doch nichts mehr, wenn mans ihnen auch meldet. Mein Schwiegersohn ist auch wieder fort... zum Kursus ...«

Die Polizei. Warum hatte nicht Martha selbst schon daran gedacht? Sie hatte daran gedacht. Aber das nächste Revier lag weit, eine ganze Strecke stadteinwärts, und dann mußte sie stehn, dann mußte sie warten, sich hin und her ausfragen lassen, Minuten sprangen, und hier schrie ihr Kind, und sie hätte den Schrei gehört, wenn sie dagewesen! Denn hier mußte es sein, in der Nähe sein, sie wollte das immer noch glauben. Und es war auch ein anderes, der Gedanke, nur so fein wie ein Haar: Trag ich mein Kind auf die Polizei, so heißt das: ich geb es verloren. So heißt das: ich hoffe nicht mehr. Bislang war es wohl ein betrübliches Ding, Ereignis, aufgeregte Geschichte, nun wurde ein Kriminalfall daraus. Und dann konnte nichts mehr kommen als Unglück, Verbrechen, Mord. Sie folgerte nicht. Sie erkannte selbst nicht, daß sie das dachte.

Frau Beucker hielt ihre Hand. »Waren Sie schon bei Roßkaempfers drüben, ja?«

Sie murmelte kaum ein trauriges Nein, sie riß sich selbst fort wie eine, die sich im letzten Augenblick auf vergessene Pflicht besinnt.

Und eilte unter den schmächtigen Birken in das kleine verschmuddelte Haus.

Der und jener ruckte verwundert von seinem Glase hoch. Ein Halbwüchsiger, der mit pappenen Bieruntersätzen Fangball spielte, hielt inne, drehte sich um. Denn sie war sehr bleich mit den finster glostenden Augen. Die Wirtin las hinter der Theke unter dem grünlich käsigen Deckenlicht; sie legte die Zeitung hin. Sie kannte Frau Wolg, die gelegentlich kam, bei ihr zu telephonieren. Nun hörte sie zu und machte ein töricht erschrocknes Gesicht. »Ach Gott«, seufzte sie, »wie bloß einer Kindern was antun kann...« Martha stach es ins Herz. Dann wurde der Mann herbeigerufen – so wie sie deftig und derb und breit, war er ein spillriger Wicht – sie berieten erst eine gute Zeit, wer heut gegen Abend schon dagewesen, und blieben an einem unbekannten jüngeren Menschen hängen, der eine steife Mütze gehabt, den, während er seine Molle trank, ein Motorrad draußen erwartet. Mit einem Beiwagen, meinte der Wirt, darin jedoch niemand gesessen. Frau Rosskaempfer hatte das Motorrad zwar, indes den Beiwagen nicht bemerkt, und sie stritten.

Sie aber hatte die Hände verkrampft, ineinandergefaltet wie zu inbrünstigem Gebet und schaute die beiden an, so unverstehend, als redeten sie in einer fremden Sprache Worte, deren Sinn sie aus ihren Gebärden selten erriet. Sie horchte doch kaum mehr hin. Darauf war sie noch nicht verfallen. Daß jemand ihr Kind weit fortnehmen könnte, verschleppen mit seinem Gefährt. Zuerst, da hatte es sich gefreut an dem kleinen Wagen, in dem es saß, über den Mann, der mit ihm sauste; aber er brachte es nicht wieder heim, wie er ihm doch versprochen, sondern raste davon in die kalte Nacht, und es weinte bittere Tränen und rief, und der Motorlärm überfuhr sein Weinen!

Sie versteinte. Ihr Herz nur schlug, an den Hals hinauf, und ihr war, als müßte sie sich erbrechen, es ausspeien mit ihrem Munde. Drüben an der verräucherten Wand zwischen entfärbten, staubigen Bildern hing ein glänzendes neues. Ein kleines Mädchen, pausbäkkig gesund, schwarzlockig, in knallrotem Sammetkleidchen, hob schelmisch lächelnd mit beiden Händen ein Seidel Malzbier empor. Es ähnelte Ursa nicht. Doch die Mutter senkte sich ganz hinein in dieses glückliche, frische Gesicht, und jäh, sie wollte den Abschied sagen, stieß aus ihrer Kehle ein Laut. Nur kurz: ein Stöhnen, ein Schluchzen. Sie zuckte, sie faßte sich, nickte nur und schritt aus der Stube.

Sie stand allein auf der häuserarmen, breiten, verdämmerten Straße. Ein Mann kam des Weges, Arbeiter wohl, einen Werkzeugsack auf dem Rücken. Sie lief ihm entgegen und hielt ihn an und schwatzte verworrenes Zeug, von einem Motorrad, von dem Beiwagen und ihrem Kinde. Er schüttelte sacht den Kopf. Nein, ihm war keiner begegnet. Er erwiderte leise, ängstlich fast, wie einer Tollen, Tobsüchtigen, die man nicht reizen durfte. Sie ließ ihn los. Doch späte Heimkehrer, die noch folgten im kargen Laternenschein, fürchteten sich vor dem zitternden Weibe, das aus dem Dunkel sich auf sie warf: eine stammelnde Irre.

4

Sie erwachte. Sie lag, halb gekleidet, im Morgenrock fröstelnd auf ihrem Bette. Sie lag wie im Freien. Die kühle Nachtluft schlich um sie her und streichelte sie mit Fingern. Sie hatte die Fenster weit aufgemacht, im Zimmer eins und das in der Küche und beider Türen geöffnet. Ihre nackten Füße froren. Ihr Antlitz war heiß. Sie schudderte, wälzte und räkelte sich. Sie gähnte. In der unteren Wohnung dröhnte die Uhr, zwölf Mal; sie zählte die Schläge. Sie seufzte. Sie stützte sich schwerfällig auf den Arm, ganz unerquickt noch, so müde. Sie hatte ja doch geschlafen. Nicht lange, aber sie hatte geschlafen, eine Stunde vielleicht. Plötzlich saß sie hoch: Warum ist mir kalt, warum bin ich wach und warum nicht ausgezogen? Sie sah auf dem Sofa das Kissennest fahl durch die Düsternis schimmern. Schlangenschnell glitt sie hin und betastete es mit bebenden, fliegenden Händen. Nichts, nichts. Sie warf sich darüber und wühlte den Kopf hinein. Sie umschlang dies Weiche, Nachgiebige, preßte es in ihre Arme. Du. Du. O Gott, und ich habe geschlafen. Ich konnte schlafen. Ich konnte ... Sie strich die Kissen glatt, sorgsam und zärtlich, als hätte das noch einen Zweck. Dann stand sie und lauschte.

Es war nichts, nein. Aber wie, wenn sie eben im Traume den Schrei überhört? Das konnte nicht sein, sie mußte ihn hören, bei offenem Fenster hier und dort mußte sie alles hören. Und es schreit nicht mehr, dachte sie träge. Es ist ja tot. »Es ist tot«, wiederholte sie laut und stumpf, »Ursa ist tot.« Sie schüttelte wild den Kopf; ihre schwarzen Haarsträhnen zuckten wie Nattern einer Meduse. Nein. Nein. »Ich werde wahnsinnig«, murmelte sie, »ich bin eine Verrückte.« Mich freut nichts mehr. Mich schmerzt nichts mehr. Ich selbst bin gestorben.

Sie setzte sich auf das Sofa nieder, in des Kindes Bettchen mittenhinein, und legte das fiebrig heiße Gesicht in ihre beiden Hände. So saß sie lange. Sie sann nicht mehr.

Sie machte eine Bewegung. Ihr Fuß trat auf etwas, ein Eckiges, Hartes; sie bückte sich, hob es auf und fühlte, ohne es noch zu sehn, daß es eines der bunten Teilchen war, vom Mosaikbaukasten, den Frau Hoffmann der Kleinen geschenkt. Sie hatte gestern damit gespielt und das Steinchen verloren. Die Mutter dachte: »Morgen werd ich ihr sagen –« Und wußte auf einmal: Ich hatte ein Kind, das kehrt nie zurück ... mein Kind ... Sie schluchzte würgend auf. Sie wühlte das glühende Haupt in den Schoß, und jählings, hilflos und fassungslos, begann sie zu weinen.

Sie wischte die Lider, die überströmten Wangen. O Gott, o Herr, erkannte sie flehend, ich glaube an dich! Ich bin jahrelang nicht in den Tempel gegangen, ich habe nicht stets an dich gedacht, wenn ich auch abends mit meinem Kinde gebetet ... Was hab ich getan? Ich habe gestern erst vor dem Bettler meine Tür zugeschlagen. Er sah aus, als ob er den Groschen vertrinken würde. Ich war oft starr und fest. Ich war nicht immer gut. O straf mich; nur laß Ursa ... mein Kind ...! ...

Sie brach in die Knie. Ihre Stirn schlug auf hartes Holz. Sie lag so, im wirren, schleiernden Haar, flüsternd und mit verschlungenen Händen, wie eine Büßerin. –

Irgendwie war sie doch wohl gestärkter, beruhigter, da sie gebetet. Sie zog den Morgenrock enger um sich, kroch tiefer hinein; der Schweiß erkaltete auf ihrer Haut, und ihre Wäsche klebte. Sie trat vor das offene Fenster. Und wie der Gehetzte an einem Becher kühlen Wassers sich sänftigt, sah sie hinaus.

Sternenklar. Vor ihrem Blick hielt der Große Wagen; das Gestirn seiner Deichsel lag scharf flimmernd in den Himmel hinein. Andere Welten, die sie nicht kannte, blühten und glitzerten. Die Ulmen rauschten. Sie standen so unschwer, so körperlos da, nur Fläche, Tintengerinnsel und -tupfen auf bläulich grauem Papier. Dort aber, dort hinten ballten sie sich, wipfelten in ein Kamelgehöcker, in einen zackigen Kamm. Den Kamm des schwarzgrünen Drachen. Oder des Fischgreifen, der seinen Flossenschwanz fern noch in Wellen badet. Er erfrischte das Antlitz der Dürstenden mit einem meerkühlen Hauch. Sie lehnte sich weiter über die Brüstung und fand auch den Mond, zunehmend, fast ohne Form wie eine blasse zerdrückte Zitrone. Sie schaute ihn an.

»Von oben durch der Kuppel Öffnung wirft
Der Mond den bleichen, silberblauen Schein ...«

Sie wußte nicht, wie ihr das kam, woher ihr das kam. Sie hatte als Fünfzehn-, als Sechzehnjährige in ihrem Schulbuch für sich allein von dem Bilde zu Sais gelesen, war oft und oft einsam nachgetappt der Wahrheit hinter dem Schleier. Das fiel ihr nicht bei.

So stand sie am Fenster und blickte sich ein in das, was kein Leben, kein Einzelnes war, nur noch eine nächtliche Landschaft; die Stille schläferte ihre Qual, und währenddes saß das Würmchen schon an ihrem Herzen, das Hoffnungswürmchen, wispelnd und nagend. Wenn nun, wie einer die kleine Hertha, auch jener Mann sich die Ursa bloß zu harmlosem Dienst geholt? Oder wenn er zu solchen Dieben gehörte, die hastig dem Kinde an heimlichem Ort das Kleidchen ausziehn, Strümpfe und Schuh und alles dem Hehler verkaufen? Dann fänden wohl Leute das arme Ding, im Hemdchen, und brächten es morgen frühe mit tüchtigem Schnupfen heim. Aber es war ja von kräftigem Stamm, es würde sich schnell erholen. Ins Bett gesteckt und Heißes zum Trinken ... Sie würde den Dieb nicht anzeigen, nein; sie würde ihm danken. O Herr – sie seufzte – gib doch, daß es so sei. O Gott – sie rannte wie eine Wahnwitzige jäh in die Küche hinüber.

Denn von dort hat es eben geschrien. Es hatte geschrien; sie hatte es deutlich gehört. Von fernher ein dünner, ganz feiner Schrei, ein Schreilein, ein Wimmern. Sie durchbohrte die Ahornwipfel des Hofes. Sie horchte bebend, mit stieren Augen, in jeder Faser gespannt, bereit, sobald es sich wiederholte und ihr die Richtung gab, die Treppe hinab, aus dem Hause zu fliegen. Sekunden: noch hörte sie nichts. Da – nun ganz nahe: zweimal, dreimal, viermal. Viele Male. »Too-uit! Too-uit!« Sie atmete tief auf, erlöst. Die Eule. Da hatte sie Ursa Mut gemacht und sich selbst in Furcht jagen lassen.

»Mutter, es weint so, was ist das, was da so weint?«

»Da weint gar nichts. Da ist ein kleiner Vogel, das Käuzchen, das ruft und ist froh.«

»Wenn es froh ist, dann singt es doch?«

»Es kann nicht singen.«

»Mutter?«

»Ja?«

»Warum schläft das Käuzchen denn nicht?«

»Es schläft bei Tage.«

»Auf einem Baum?«

»Ja, oder auf Schloß Binnwald im Turm oder unterm Dach der Grazietta. Nun mach aber schön die Augen zu, hörst du?«

»Ich hab aber Angst – bleibst du bei mir?«

»Ja, Ursa, ich bin bei dir.«

»Immer?«

»Ja, immer, Kind.«

»Immer«, flüsterte sie. Sie hielt dieses Zwiegespräch hier wie mit Händen; sie sah es, sah Ursas dunkles, zärtliches Stimmchen: die Wimper wurde ihr feucht. Und langsam wie eine Schlafwandelnde schloß sie dies Fenster und das in der Stube, zog einen weiteren alten Mantel über den Morgenrock, verließ auf weichen samtenen Schuhen die Wohnung, das Haus. Sie eilte über den schummernden Hof, das mächtige Tor klaffte offen, und wanderte wieder in die sinkende Gasse flußwärts zum Spreetal hinab.

Sie erschauerte leicht. Noch blühte Sommer, doch diese Sternnacht war schon oktoberhaft in ihrer Klarheit und Kälte. Es schienen die Umrisse fester hier, nicht so gelöst, verschwimmend wie droben am Fenster. Die Lauben hoben sich schwarz und scharf, silhouettenhaft von dem stumpfblauen Grunde. Das filigranfeine Pflanzengerank war auch mit der Schere geschnitten. Und dort floß durch Lücken finsterer Blätter schlohweiß das Mondlicht her. Unter der Mondfrucht kroch schwaches Gewölk, durchsichtige Riesenraupe. Und kein Wind.

Martha stockte. Sie schaute empor zu den milchigen Nebeln über sich im Gewölb, und es sank um sie nieder sanft und schwer wie Frieden. Alles schlief. Ursa schlief auch. Sie konnte nicht jammern, nicht schluchzen mehr in dieser reinen Stille.

Da klang ein Ruf: »Ursa! Ursa!«

Der Ton schnitt weit durch die Luft und hell wie der Klageschrei eines großen Vogels. Es antwortete ihm nichts.

Noch einmal, höher noch, schillernder: »Ursa! Ursa!«

Schweigen.

Sie schrak zusammen. Da raste der Zug in die Nacht hinaus, mit erleuchteten Scheiben wie zischende goldengefleckte Otter. Sie wendete sich. Doch schritt sie an ihrem Hofe vorüber, schritt bis zur Straße hinan. Die war leer und totenstill. Weither blinzelten klein, so verloren, die Augen müder Laternen. Über dem Eingang der Roßkaempferkneipe sickerte noch ein gelbes öliges Licht. Die schmalen Birken rieselten sacht, die getuschten Birken. Und wieder klagte sie: »Ursa! Ursa!« Jetzt bellte im Fernen ein Hund. Sonst regte sich nichts. Sie schlich heim. –

Die Treppe knackte. Sie stand mehrmals horchend, während sie so in Schattendüsternis stieg. Sie meinte, nun müsse gleich eine Hand drunten am Haustor rütteln, und wenn sie dann umkehrte, öffnete, stünde draußen ein fremder Mensch. Sind Sie Frau Wolg? Hier bringe ich Ihnen Ihr Kind. Das war doch ganz unwahrscheinlich. Jetzt, nachts würde keiner kommen. Morgen, ja, morgen früh.

Sie suchte das Schlüsselloch, fühlend, tastend, schloß die Wohnung behutsam auf. Sie öffnete beide Fenster wieder, nahm den Mantel ab, wühlte sich in ihr Bett. Aber sie konnte nicht schlafen. Das Zimmer war unheimlich seltsam erhellt, die Gegenstände empfingen Leben zu bösem, huschendem Spuk. Das hingeworfene Taschentuch ward eine graue Ratte. Sie wußte erst, daß es ein Taschentuch war, als sie es unsicher faßte. Nun saß sie im Armstuhl, sehr übermüdet und dennoch vom Schlummer verbannt. Sie senkte die Lider ... Ursa. Und ich sitze hier. Ich sitze ganz ruhig hier. Sie fuhr auf. Es schien ihr ein Frevel, zu sitzen. Wo bist du? Was tut man dir? Sie drehte schreckhaft hastig den Kopf, äugte angstvoll umher. Was konnte man Kindern tun. Was taten scheusälige Menschen mit Kindern?

Da war es. Der Wolf, dolchzähnig, spinnengrau, den sie eingesperrt hatte, tief versteckt in einem engen unterirdischen Käfig. Jetzt brach er hervor, schlich an sie hin, höhnisch, mit roten lachenden Augen. Er wisperte: »Vermischte Nachrichten ... Kindermord in Riesa ... Grausiger Fund ... Sittlichkeitsverbrechen an einer Achtjährigen ... Der Pforzheimer Knabenmord vor Gericht ...« Und wie durch höllische Zauberei schlug in ihr Antlitz ein weißes Blatt, Schmierfetzen, bedruckt mit schwarzen Lettern, die sie im Finsteren las. » ... An einer einsamen Stelle gab er vor, daß er mit ihnen Blindekuh spielen wollte. Er stülpte den Kindern Tüten auf den Kopf, führte sie an den Fluß und stieß sie ins Wasser ... – ... Als man den Koffer öffnete, bot sich ein grausiger Anblick. Auf alten Kleidern und Tüchern lag da erstickt ein etwa zehnjähriger Knabe, die Hände noch in verzweifeltem Todeskampfe gegen den Deckel gestemmt ... – ... Offenbar hat ihm eins der Kinder noch selbst vor dem Mord das Paket adressiert, in dem er dann die zerstückelten Leichen den unglücklichen Eltern schickte ...« – Sie stöhnte. Zuviel. Sie konnte nicht mehr. Sie röchelte. Plötzlich warf sie die Arme und sank mit einem Aufschrei zu Boden.

5

Sie zitterte. Die Zähne schlugen ihr aufeinander, da sie sich in dem eisigen Wasser wusch. Sie gähnte. Denn sie war wohl im Morgengrauen entschlummert zu einem wüsten, lastenden, unerfrischenden Schlaf. Nun war ihr zumute wie einer Fiebernden, die man zwingt, das Bett zu verlassen. Als sie den Haarknoten wand und hob, sah aus dem Spiegel das überwachte, bleiche Gesicht einer Büßerin mit bläulich verschatteten, tränengeschwollenen Lidern. Sie fühlte sich sehr elend. Sie wärmte Milch, ach, es war so viel da, Ursas Abendmilch war übriggeblieben; sie schluckte langsam, fast mit Behagen das heiße Getränk hinein. Aber sie aß nichts dazu. Und während sie trank, hielt sie immer doch den Blick auf das Küchenfenster gerichtet und lauschte hinaus in den Hof. Und jeder fremde Laut, noch die Stimme, die nur wie ein Summen ihr Ohr umflog, riß sie halb empor: Sie kommen! Sie bringen mir Ursa, mein Kind!

Niemand kam.

Sie hatte sich nun in das seidene Tuch und den wärmeren Mantel eingehüllt, wenn der blaue Himmel auch einen schönen sonnigen Frühtag versprach; aber sie fror. Auf Zehenspitzen schlüpfte sie in den Treppenflur; sie konnte nicht reden, wollte jetzt nicht der Lange'schen Familie begegnen. Doch die Tür gegenüber war spaltbreit geöffnet; die Nachbarn belauerten sie vielleicht, erwarteten sie wohl schon. Sogleich trat auch Frau Beucker heraus, das ordentliche, saubere Weiblein mit ungekämmtem verschlafenen Schopf, mit dem greisen Chinesenzöpfchen. Nach einem gedämpften »Guten Morgen« stand sie, die Hände über dem Leib, und wußte nicht, was zu sagen. Dies übernächtig verhärmte Antlitz verbot ihr Erkundigungen. Sie hüstelte. »Hm ... wenn ich Ihnen vielleicht ... wenn ich irgendwas für Sie tun kann, Frau Wolg ...«

Martha, schon auf der obersten Stufe, wendete sich. »Ja. Wenn Sie so gut sein wollen«, bat sie mit rauher, unnatürlich verhaltener Stimme, »und mit heran zu Roßkaempfers gehn und anrufen – bei Frau Hoffmann ... Amt Steinplatz 8873. Achtundachtzig dreiundsiebzig. Und sagen, ich käme heute nicht ... ich fühlte mich nicht ganz wohl –«

Ihre Stimme, zu stark gespannt, knackte, riß mitten durch. Frau

Beucker fuhr mit der Hand hinunter, stupste brummelnd Elschen zurück, deren ängstlich kleines blasses Gesicht ihr hinter den Röcken vorlugen wollte. Martha bemerkte das Kind. Rasch, wie erregt, trat sie plötzlich her und legte schweigend, zitternd die Hand auf das mattblonde Köpfchen. Einen Augenblick nur. Ehe ein Wort noch klang, kehrte sie um und stürzte die Treppe nieder.

Sie hatte gestern gefürchtet, mit einem Gange zur Polizei wertvollste Zeit zu verschleudern, nun lief sie in rastloser Ungeduld am Halteplatz hin und her. Und als sie ein paar Minuten gewartet, glaubte sie schon, daß die Straßenbahn gar nicht mehr kommen könnte. Sie spähte vergeblich, war drauf und dran, sich zu Fuß auf den Weg zu machen, und wußte doch, daß der gelbe Wagen, sobald sie sich erst in Marsch gesetzt, an ihr vorbeisausen würde. Endlich zeigte er sich auf dem öden, schnurgeraden Damm; er schien nur wie eine Schnecke zu kriechen. Martha stieg ein.

Die Bänke waren besetzt. Sie trat an die Vordertür, musterte drinnen die Fahrgäste aufmerksam, als suchte sie unter ihnen den Mann, der Ursa mit sich genommen. So fand sie sich schneller am Ort, als sie dachte; schräg gegenüber der Haltestelle lag das Revier.

Geschlossen. Sie drückte zwei-, dreimal die Klinke nieder und harrte dann in verbissenem Trotz; es schien böse Absicht, daß man die Tür noch immer nicht öffnen wollte. Nebenan in dem hohen, gleichgültigen Mietshause war ein Uhrmacherladen. Der Blick auf die Zeiger, die plötzlich sprangen oder sich mählich vorwärtsschoben, brachte sie zur Verzweiflung. Unzählige teure Minuten verflossen, verflossen. Und fortzugehn, anderswohin zu schaun, dazu konnte sie sich nicht zwingen. Es gab ja auch nichts zu sehn. Ein wartendes Mietsauto, grünlichblau, einen radelnden Bäckerjungen mit seinem Korbe. Zwei Soldaten, die eben wohl aus der nahegelegnen Kaserne kamen, und ein paar Markttaschenfrauen. Beim Kolonialwarenhändler drüben räumte ein magrer, rothaariger Bursche das Schaufenster aus und um. Sie versuchte, die Kästchenpyramide, die er kunstvoll errichtete, teilnehmend zu betrachten.

Sie folgte wieder den Uhren. Und dann mit einem Mal dünkte ihr, sie hätte alles versäumt. Unwiederbringlich versäumt. Sie hätte, statt nach zwölf Stunden erst zum Revier herunterzufahren, schon gestern die Kriminalpolizei am Telephon aufhetzen müssen. Aber da hoffte sie noch, daß es nicht – –

Ein Schlüssel knirschte im Schloß. Sie zögerte eine Sekunde, trat ein.

Ein enger Flur, dann ein düsterer, höhlenartiger Raum mit ein paar Spinden und Tischen. Sie stand vor der Schranke und hörte sich selbst Auswendiggelerntes hersagen, Fremdes, das sie nichts angehn mochte: »Mein Kind ist fort; jemand hat es entführt.« Der eine der beiden Beamten blickte flüchtig von seiner Arbeit auf; dann las er weiter, tat wenigstens so. Der andere schlenderte, während sie sprach, an einen wurmstichigen Schrank, zog ein Schubfach heraus und entnahm ihm einen beschriebenen Zettel. »So, das haben wir. – Martha Wolg, Witwe ... Ursula Wolg, ... geboren den 11. 2. ... fünf Jahre ...« murmelte er zufrieden, erfreut, als sei mit dem Auffinden dieses Blattes das Dunkel schon halb geklärt. »Und wie sieht sie aus?«

Ach Gott, dachte Martha, wie soll es aussehn, das Kind. Es ist ein kleines Liebes.

Doch fing sie an zu beschreiben: »... es trug ein graues Kleid mit bunter Stickerei auf der Brust ...« Und wie sie es schilderte, stand es da im hellgrauen Leinenkleidchen mit dem Aufputz, grün und rosa gestickt, mit den bräunlichen Armen, die rund und weich aus kurzen Ärmelchen sproßten. Sie verlor ihre Sicherheit, ward überwältigt, ihr Reden schwankte; sie schluckte: »... und braune Strümpfe und Schuhe ...« Sie fühlte mit einemmal wie in Scham Feuchtes auf ihrer Wange. Sie knüllte ihr Taschentuch. Der Beamte vermerkte die Angaben, war beschäftigt. Der andere aber, der scheinbar las, sprach unvermittelt und wie in die Luft hinein:

»Im Juni hatten wir anderthalb Tage ein kleines Mädelchen hier. Eine Dame hatte es irgendwo aufgegriffen. Es war ganz gesund und munter. Die Mutter wohnte weit weg, in der Schloßstraße unten. Sie hatte es überall gesucht, bloß nicht bei uns.«

Einer sagte: »Sie könnten ja auch noch mal mit herankommen, wenn sie wollen.« Dann war sie draußen. War abgespeist wie eine Dürftige, die ein Stück Zeug, ein paar Pfennige, einen Teller Suppe erhofft und die man mit leeren Worten nur sacht vor die Tür geschoben. Sie benützte nicht wieder die Bahn. Ihre Füße, widerwillig und schwer, wanderten heimwärts, die mählich aufsteigende Straße hinan.

Sie las ein Messingschild: »Fellenbach« und blieb am Wege und sann. Was tu ich jetzt? – Erst such ich die Laubengelände ab, nicht unseres nur, alle andern auch, und dann, dann lauf ich durch die Alleen und halte die Menschen an; es ist mir gleich, was sie denken. Sie hob die Stirn. Im Garten sah sie den reichen Strauch mit seinen Safranrosen. Sie lehnte den Kopf ans Gitter. »Melody«, raunte sie, »Ursa . . .« Dies dunkelgelbe duftende Lied war ihr Kind. Sie raffte sich auf, überquerte den Damm und ging mit starken, beschleunigten Schritten zur Roßkaempferschenke hinein.

Die derbe Wirtin kam ihr sogleich mit betrübtem Gesicht entgegen. »Und Sie haben sie immer noch nicht gefunden? Zu schrecklich.« Dann fiel ihr ein:

»Die alte Frau Beucker war auch schon hier zum Telephonieren.«

Martha nickte. »Frau Roßkaempfer, ich möchte Sie bitten . . .« brachte sie mühsam vor, »ich bitte Sie . . . wenn Sie auch mit Ihren Gästen darüber reden wollten. Vielleicht hat einer doch irgendwo das Kind und den Menschen gesehn.«

»Darüber reden? Natürlich. Mein Mann tuts auch. Wir sprechen schon von nichts anderm. Nicht wahr, Wilhelm? Es ist doch zu schrecklich.« Sie seufzte. Und sie sagte jäh, und es war auf einmal ein ganz anderes Weib, das sprach:

»Wir haben ja keine Kinder – das ist auch bequemer – aber wenn ich eins hätte und es käme so einer und sie kriegten den Kerl: die Därme riß' ich ihm aus dem Leibe wie so 'nem Schwein, das er ist!«

Martha zupfte an ihrem Schal. Sie rückte den Filzhut tiefer. Sie hauchte ein kaum vernehmliches »Danke« und stopfte das Taschentuch in den Mund. –

Und wieder ging sie. Sie ging und ging. Sie schaute die Menschen sonderbar an, argwöhnisch, wahnsinnig, lauernd, mit Fragen in ihren finsteren Augen, auf den geschlossenen Lippen: die Männer so, als läse sie allen geheime Untat von blanker Stirn, die Frauen, als wäre ihr jede noch des Mitwissertums verdächtig. Sie versperrte doch nicht ihren Weg. Dagegen schritt sie zum Holzplatz hinüber, die Leute zu fragen, die Fensterrahmen aus einem Schuppen trugen, den Arbeiter, der, auf Brettern sitzend, gemächlich sein Frühstück aß. Sie zuckten die Achseln, schüttelten bloß verwundert die Köpfe. Nein, sie wären wohl gestern schon gar nicht mehr hier gewesen. Martha, da sie sich weitermühte, hörte nicht mehr, daß einer sagte:

»Wer weiß, ob das wahr ist. Die sieht aus, als ob sie da nicht ganz richtig wäre.« Und er tippte sich auf die Stirn.

Ein Auto schnurrte vorbei. Es war geschlossen; sie starrte ihm nach, als säße darin der Entführer. Dann hockte ein Mann auf dem Bocke, die Frau zoddelte neben den Pferden her; sie schwang in der Hand eine Glocke. Sie hatte vielleicht schon in den Alleen gebimmelt und ausgerufen: »Lei-tern! Lei-tern!« Es lagen noch jetzt auf dem Wagen genug unter Baumpfählen, Harken und Körben. Und die Gäule trotteten weiter stadtaus in ländlichere Gemeinden. Martha verfolgte das Gefährt mit stechenden Blicken. Wenn ein Ohrenbläser ihr zugeraunt, daß diese zigeunernden Hausierer ihr Kind in eine Kiepe gesteckt, einen Deckel darübergebunden, sie hätte ihm glauben mögen.

Sie kam an eine entlegnere weitläufige Kolonie, darin auch der Magistratsbeamte ein kleines Grundstück erworben. Die Frau war den Sommer lang oft genug mit Elschen und Ursa hier gewesen, doch Martha kannte es nicht. Die Gärten lagen im schwindenden Morgen meist verlassen und still. Wo ein Wesen sich zeigte, rief sie es an, um nur eine Antwort zu erhalten, die wie eine leere, verdorrte Schote ohne Fruchtkörner war. Einmal stand sie auch wartend am Zaun, weil wer in der offenen Laube sich drehte; er kam, und es war ein pechschwarzer Hund, der sie anfunkelte und zu knurren begann, als sie sich nicht gleich entfernte. Ein dunkles Sonnenblumengesicht mit seinem goldenen Schein sah über das nächste Gitter. Es schaute sie an. Sie betrachtete es, trat plötzlich herzu und nahm es in beide Hände. »Ursa . . .!« Sie schluchzte. Sie merkte eine Berührung am Ärmel; da war eine Stimme ihr nachgeeilt, die Stimme der frischen jungen Frau, mit der sie eben gesprochen.

». . . Mein Mann meint, Sie sollten doch auch nochmal da drüben nachgucken gehn. Da hinten. Zweiten Gang links. Wir nennen das immer ›Siedlung Müllabfuhr‹. Da schmeißen sie nämlich alles hin; die Grundstücke, die sind ganz verwahrlost, da kümmert sich keiner drum. Und Auskunft werden Sie auch nicht kriegen, weil da kaum Menschen sind; es ist bloß . . . Aber die Zäune sind alle so, daß man sehr bequem 'rübersteigen oder durchkriechen kann. Ich weiß auch, da haben schon ab und zu solche Lümmel sich 'rumgetrieben. Einmal hat eine ganze Bande nächtelang da gehaust. Und wenn Sie allein zu ängstlich sind, weil manchmal in so 'ner verfallnen Kabuse wirklich noch einer pennt – Weinküpers, die haben das Feld auf der Ecke, der Mann, der ist arbeitslos jetzt und murkst den ganzen Tag in der Laube, der kommt sicher mit Ihnen gern mit.«

Sie begleitete Martha ein kurzes Ende, erklärte ihr dies und das; Martha blieb stehen. »Ich danke Ihnen«, sagte sie leise. Die Frau, die vorher den Eindruck hatte, daß diese Fremde sie schwer verstand, nickte: »Das ist doch nur Menschenpflicht«, und kehrte zurück. Martha ging einsam weiter.

Sie sah schon das rissige Drahtgeflecht, die grauen, verrotteten Hütten. In den Gärten wuchsen die Nesseln, Melde und Hühnerdarm. Dazwischen Teile zerbrochnen Geräts, Topfhenkel, Türgriffe, Bettspiralen, auch Stoffetzen, Flaschenköpfe, Papier und leere Konservenbüchsen. Sie fand den Durchschlupf zum ersten Gebäu, einem langen offenen Schuppen, entdeckte darin ein paar morsche Kisten, nicht mehr. Dann zauderte sie. Denn das nächste elende Ding, von dem Schuppen nur durch ein paar niedergetrampelte Stacheldrähte getrennt, sah, fensterlos, Würfel, mit seiner hohen, bis an das Pappdach reichenden Tür fast einer Straßenarbeiterbude, eher noch einem Abort gleich. Sie pürschte heran: nicht Schlüssel noch Klinke; ein Griff war gewesen und offenbar gewaltsam herausgerissen. Da wußte Martha jäh, daß sie hier um jeden Preis eindringen müßte; sie zwängte die Fingerspitzen, die Nägel ergrimmt in den klaffenden Spalt und war fast enttäuscht, als die Tür so leicht, nach geringer Anstrengung, aufging.

Sie warf weit die Pforte zurück. Denn es war dunkel drinnen, ein Düster voll Spinneweben und Schmutz. Sie stieß mit dem Fuße den Eimer um, Obstreste, Zeitungsfetzen. Da lag ein Bettsack, ein rotes Kissen, aufgeschlitzt, draus das Seegras quoll. Und da ... Sie starrte, eine Sekunde nur, und glaubte es nicht. Sie glaubte es nicht. Dann glitt sie schreiend zu Boden.

Sie schrie. Sie stürzte über ihm nieder. Sie fiel in den Winkel hin, wo es lag, in Unrat geschmissen, zusammengeknüllt, ein Papierwisch, ein Schuhputzlumpen. Tot. O Gott. Ihr liebes Kind. Sie riß es empor; es stöhnte. O Gott. O Gott. Sie zitterte, krampfte es in ihre Arme und schwankte hinaus.

Sie stand im Licht. Sein Köpfchen hing wie eine welke Blume. Unversehrt. Es atmete doch. Sie zog auf einmal die Hand zurück, die unterm Gesäß es stützte. Die war feucht. Die war voll Blut. Und plötzlich wußte sie, daß ihre Hand des Kindes nackte Schenkel gefühlt, nicht seine Wäsche, sein Höschen. Sie schlug das Röckchen empor. Erbarmen...

Sie brach in die Knie.

Sie war vor Tränen blind, sie war taub von ihrem eigenen Schluchzen. Jemand sagte: »Nein, wie ist das bloß möglich.« Jemand sagte: »So ein niedliches Kind.« Jemand sagte: »Die Menschen sind schlimmer als Vieh.« Jemand sagte: »Kommen Sie, stehn Sie auf. Sie können hier nicht so liegen. Das Kind muß ins Krankenhaus, aber schnell, dann ist es vielleicht noch zu retten.« Da gehorchte sie, nahm ihre arme Last und rieb nicht den Sand vom Kleide. Ein Zug kam zustande, sie ging in der Mitte, still weinend, das Haupt auf ihr Kind geneigt, das schwerer und schwerer ward. Einer wollte es fassen, ihr weitertragen. Das ließ sie nicht zu. Man rief unterwegs ein Auto an; aber es puffte vorüber. Hinter dem Tor des Krankenhauses trat ihnen der Pförtner entgegen. Martha redete nicht, die anderen führten für sie das Wort. Der Pförtner winkte rasch in den Hof: »Schwester Ida!« Sie eilte her, hörte sichs an und nickte. »Ich gehe gleich mit. Hier entlang. Mal sehen, ob Doktor Heidingsfelder noch da ist.« Die Leute blieben im Torweg zurück, erzählten dem Pförtner ihr Wissen.

Nun stand sie und wartete in einer Halle mit Topfpflanzen, Zimmerlinden; auch Korbsessel harrten neben ihr; aber sie setzte sich nicht. Die kleine Schwester flitzte umher, tuschelte überall, suchte. Ein Mensch in weißem Kittel erschien, schlank gewachsen, bebrillt; er legte die Hände sacht auf das Kind, und sie ließ es wortlos sich nehmen. Er betrachtete es, unauffällig, nur flüchtig. »Verzweifeln Sie nicht«, murmelte er, »wir werden tun, was wir können.«

Die Schwester rührte sie leicht am Arm. »Jetzt zur Aufnahme, bitte.«

Sie fanden sich in einem großen Raum, darin Beamte an Pulten schrieben, mit Aktendeckeln hantierten. Schwester Ida beugte sich über die Schranke. »Hier – ein Kind«, flüsterte sie. »Sittlichkeitsverbrechen. Damit Sie die Mutter nicht erst noch fragen.« Dann schob sie Martha vor. Der Beamte nahm auf: »Wie heißt das Kind?« – »Und wann ist es geboren?« – »Sie wohnen...?« – »Haben Sie Telephon?«

Martha gab leise, ausdruckslos, fast wider Willen Bescheid. Sie empfing einen Zettel mit dem Bedeuten, zur Einzahlung sich beim nächsten Besuch in der Kassenstube zu melden. Die Schwester erklärte ihr alles recht wie einer begriffsschwachen Kleinen. »So, und nun gehn Sie nach Hause. Wenn Sie wollen, können Sie nachmittags schon sich mal erkundigen kommen. Station 5 B. So. Vorläufig ist dann alles getan, was sein muß. Jetzt kann man nur hoffen . . . Auf Wiedersehn.«

Es war alles getan; man konnte nur hoffen . . .

Draußen vorm Tore standen noch zwei ihrer Begleiterinnen, ein Polizist dazu, der sie stellte, als sie vorüberschritt.

6

Sie saß im Nachtgewand auf ihrem Bette in dem dämmrigen Lampenkreis, sie löste ihr Haar und warf es zurück und fuhr mit dem Kamm durch die schwarzen Strähnen, sie strählte es immer wieder und wieder und wußte nicht, was sie tat. Sie hatte ihr flatterndes Herz geduckt und selber sich festgehalten und hatte sich gegen Abend erst im Krankenhause gezeigt, hoffend, je später desto mehr über ihr Kind zu hören. Nun wurde sie nicht zu ihm hingeführt, nur berufsmäßig kurz ermutigt: es sei am Leben, gepflegt, verbunden, bewußtlos freilich noch jetzt. Morgen früh so um zehn herum könnte sie wiederkommen; man erlaubte ihr vielleicht, es zu sehn, auch wenn keine Besuchszeit war. Zu Hause hatte sie ein paar Zeilen an ihre Frau Hoffmann fertiggebracht, und als sie vom Briefkasten wiederkam, mußte sie noch die Selbstvorwürfe der alten Nachbarin mildern. »Man darf sie auch gar nicht alleine lassen . . . hätt ich das bloß geahnt . . . Zehnmal paßt man auf, wo's nicht nötig wäre, und beim elften Mal kümmert man sich nicht drum . . . Nein . . . nein . . . daß unser Herrgott *das* zuläßt! . . . daß der keinen Blitz vom Himmel schickt und den Satan totschlägt! Denn das ist ein Satan – jawohl!« Sie setzte den Kuchenteller hin, den sie während des Jammerns fest und steif in den knöchrigen Fingern gehalten. »Ja – hier – ich hab gerad wieder Plätzchen gebacken . . . nein, nehmen Sie nur . . . etwas genießen muß der Mensch . . . die Ursel ißt sie auch immer so gerne . . .«

Mit guter Meinung ward das gesprochen und im Augenblick schon bereut; Martha schluchzte nicht auf, aber Tränen sickerten über ihr unheimlich starres, mühsam beherrschtes Gesicht. Und krampfhaft, mit fast wilder Gebärde ergriff sie ein Stückchen und biß hinein. »Frau Beucker«, stammelte sie schwer, mit brechender Stimme, »ich – danke Ihnen.« Und würgend: »Sie – Sie sind – nicht – schuld. – Es ist –« Sie warf sich jäh auf dem Stuhl herum und drückte das Antlitz in seine Lehne, umklammerte sie mit Händen. Und die alte Mutter strich ihr die Schultern und murmelte Worte, wie man sie Kindern zum Troste, zur Beruhigung gibt.

»Es wird schon noch werden . . . die Ärzte bringen ja heutzutage so viel zurecht ...« Zuletzt: »Wenn sie sonst ganz heil wird – sie ist erst fünf Jahr – das andre vergißt sich wieder.« –

»Das andre vergißt sich wieder.« Sie sagte das laut und legte nun endlich den beinernen Kamm auf den Nachttisch zurück, begann die Haare zu flechten. Sie sagte das, wie um sich selbst zu bereden: Es ist wahr; so wird es schon sein. Aber sie glaubte sich nicht. Sie schüttelte langsam den Kopf. Nein. Sie hatte es nicht vergessen, sie nicht. Acht, neun Jahr war sie alt gewesen. Sie sah es vor sich. Mit einer kleinen Schulkameradin – Lucie Weigeler war es, das wußte sie noch – war sie durch den Torweg gekommen. Da stand der Mann. Er hatte den Kindern nichts angetan, sich nur schamlos entblößt, und sie waren schnell weggelaufen. »So'n Schwein!« sagte Lucie nachher voll Abscheu. »Der sieht aus wie ein feiner Herr und ist so 'n Schwein.« *Sie* sagte nichts. Sie bebte an allen Gliedern.

Dann die Nächte. Sie konnte nicht schlafen. Denn da trat es zu ihr, da glänzte es auf, das Entsetzliche, Grauenhafte. Es bannte sie. Schweiß brach aus all ihren Poren. Sie glühte. Sie wollte schreien und konnte doch nicht und wagte nicht sich zu rühren. Ganz reglos lag sie, im Düster allein, und starrte mit aufgerissenen Augen auf dies ... dieses Fürchterliche ... Am Tage mied sie die Eltern scheu; sie brachte nichts über die Lippen, und selbst zu der jungen Unglücksgefährtin sprach sie niemals davon. Ein Jahr lang währten die schaurigen Heimlichkeiten, mehr als ein Jahr.

Sie atmete tief. Sie spürte die Hitze der Stirn, sie fühlte, wie ihre Wangen brannten bei der bloßen Erinnerung. Sie lehnte den Kopf zurück, preßte die Handteller hart an die Schläfen. Ächzend. Und sank hintenüber ins Bett und zog die Decke um ihre Schultern. Und hatte kein Fenster aufgemacht noch die Lampe hinausgetragen. Sie konnte noch nicht so liegen jetzt: offen, im Dunkel ...

Sie harrte und sann. Ich will nicht sinnen. Sie kämpfte umsonst. – Und doch war eigentlich nichts gewesen, nichts – als ein Bild. Nichts gegen das, was Ursa erfahren; das war unbeschreiblich, unvorstellbar ... Sie merkte wieder das Klebrige, das Blut auf den Fingern. Und plötzlich kam ihr der wahnwitzige, der angsterfüllte Gedanke: Daß diese Unsäglichkeit vielleicht erst heute morgen geschehn. Daß sie es noch hätte retten können, wenn sie nur abends länger gesucht, sich die Nacht durch umhergetrieben – Und ein anderer jäh: Daß dies nur die letzte, das Ende war einer Kette von Quälereien --

Sie schrie. Nein, sie schrie nicht. Sie stieß einen seltsamen Laut aus, der war wie unterdrücktes Brüllen. Sie schrak vor sich selbst zusammen. Ich kann nicht mehr. Ich verliere jetzt den Verstand. Es ist zuviel. Zuviel.

Sie warf sich herum. Sie drückte sich beide Hände aufs Herz; das schlug zum Zerspringen. Sie faltete diese heißen Hände und fing zu beten an, wispernd, in Hast, wirre, verzweifelte Dinge. Verschen, die sie als Kind gekannt, Bibelsprüche, hebräische Worte, die spärlich ihr aus der Schulzeit geblieben, deren Einzelbedeutung sie längst verlernt. Dazwischen stets wieder: O Gott – ach, hilf mir doch – hilf mir! Auf einmal sagte sie laut: »Es gibt keinen Gott, es gibt nichts. Es ist gar nichts da.« Und wie sie so sprach, fiel ein schwarzes riesiges Tuch leise auf ihre Augen. Sie ward blind. Ich rede irr. Vergib mir.

Sie saß im Bette aufrecht, das Haar klebte an ihrem Schädel. Sie dachte: Das darf ich nicht. Ich darf mich nicht selbst so verlassen. Ich muß ihm doch helfen. Ich muß für es da sein. Ich bin doch seine Mutter.

Sie legte sich ruhiger hin. Ihr Kind. Vorgestern abend war es herumgehüpft wie ein Frosch, ohne Hemdchen, ganz splitternackt; sie hatte Angst gehabt, es möchte sich noch erkälten. Sie hatte es dann wie immer gewaschen, das runde Gesichtchen, den zarten Leib: die kleinen Brüste, die noch als schwache, unklare Sterne schienen, den Bauch und die kräftigen Schenkelchen und den Schoß... Den Schoß, der wie eine Knospe glomm, eine unerschlossene Blume... So lieblich – so lieb.

Sie weinte.

Sie kam nicht heraus. Sie war nun in diese Unwelt verstoßen und kam nicht heraus. Ich muß schlafen, befahl sie sich. Ich will schlafen. Sie besann sich, daß sie ein Mittel bewahrt im Wandschränkchen neben dem Bette. Sie hatte, als es der Arzt ihr verordnet, es kaum mehr gebraucht. Sie stand auf und entdeckte es auch. Das nahm sie, nachdem sie die Lampe gelöscht, ein Fenster geöffnet hatte.

Sie lag mit geschlossenen Lidern. Sie schlief.

7

Sie hatte so tot, so traumlos geschlafen, erwachte benommen, dumpf. Das machte dies Zeug. Sie war doch immer gesund gewesen, war weder an Ärzte noch Arzneien gewöhnt. Sie goß in die Schüssel kölnisches Wasser, wusch sich und wurde erfrischt. Dann blickte sie auf die Uhr. Gottseidank. Viertel zehn. Gut, daß sie so lange gelegen. Sie machte sich fertig, entwich aus dem Haus, ohne daß einer der Nachbarn sie heut im Treppenflur überfallen.

Nun schlenderte sie. Denn auch zu früh kommen wollte sie nicht; wieder in jener Halle zu warten, dünkte ihr unerträglich. »Holla! – Frau Wolg!« Frau Roßkaempfer stand in dem Birkengehölz, hängte Strümpfe über die Leine. »Ja, ich hab schon gehört, Frau Wolg, Sie haben das Kind gefunden. Na, und wenns jetzt noch am Leben ist, dann lebt es auch weiter. Das glauben Sie man. Der Doktor wird das schon kriegen. Bloß schön, daß wir hier das Krankenhaus so in der Nähe haben. Und nun kommen Sie mal. Ich muß Ihnen doch was zeigen.«

Sie gingen hinein. Der einzige Gast, ein Bauarbeiter, stritt mit dem Wirt über Politik. Die Frau griff über den Gläsersatz auf der Theke. Sie legte ein neueres Zeitungsblatt fast triumphierend hin, unterstrich noch das fettgedruckte Wort mit ihrem dicken Finger:

»*Verbrechen an einem Kinde*. ... gestern nachmittag ... die fünfjährige Ursula Wolg ... in einer verfallenen Laube. Dort fand es die unglückliche Mutter... sogleich im Krankenhaus Aufnahme... bisher das Bewußtsein noch nicht wiedererlangt. Die Spielgefährten der Kleinen... kaum Anhaltspunkte dafür...«

Martha beugte sich her. Zerrissene Sätze flimmerten, schwankten vor ihren Augen. Sie blickte empor in das beinahe stolze, beobachtende Gesicht der Wirtin, Gesicht eines Menschen, der seinem Bekannten neidlos die Ehre, die Auszeichnung kündet, die jenem zuteil geworden und von der er noch selbst nichts erfuhr. Es schien ihr rühmlich und ehrenvoll, daß ein unbedeutender Name wie Wolg mir nichts, dir nichts so in die Zeitung rückte, die jedermann lesen mußte, mit dicker Überschrift noch dazu, und alles sonst war auch ganz genau, ganz richtig beschrieben. Und so half freundlichste Absicht dabei, wenn sie der armen gepeinigten Mutter noch einmal das Marterholz wies. Großen Dank hatte sie nicht erwartet; dies verzerrte, mit Tränen ringende Antlitz befremdete sie auch kaum. Sie nickte nur mitleidsvoll, wiederholte, daß es »die Doktors schon machen« würden und wendete sich zwei wackligen Alten von pennbrüderhaftem Äußeren zu, die eben jetzt eingetreten. –

Die Krankenhausuhr zeigte zehn nach zehn; Martha eilte. Auch diesmal stellte vor seinem Gelaß der Pförtner sich ihr entgegen, erkannte sie aber, berührte die Mütze und fragte nicht, ließ sie hinein. Ihr Schritt klang hart auf den breiten, starren, weißgepflasterten Wegen, schien in ein Schweigendes, Leeres zu schlagen, die Tagesferne zu scheuchen, deren Saum auf den weiten Rasen fiel zwischen die beiden hohen Kastanien an seinem Ende. Die massigen Bauten, die ihn umstanden, deckten fleischig rötliche Leiber mit Tüchern von wildem Wein, und manches Blatt in seinem Verschwimmen von Braunrot, Bordeauxrot, Fahlgrün und Gelb war wie ein wundervolles Gebild aus einer kostbaren Bronze. Und nah der Mauer auf dünnem Sande hatte ein Kürbis sich hingestreckt; er trug statt der Früchteballen noch seine gelbe krunschlige Blüte, doch sein groteskes riesiges Laub wucherte unglaubwürdig, fast tropisch. Sie kam auch zu den Genesenden, die vor ihrer Pforte sich sonnten; sie wirkten weltverloren, so fremd in den blau-weiß gestreiften Kitteln und schauten Martha argwöhnisch an, als sei wieder sie ein sonderbares, ungehöriges Wesen.

Station 5 B. Durch die innere Glastür hörte sie Stimmen scharf, wenn auch halblaut, streiten. Es war ein ungleicher Kampf. Ein schwaches, dürftiges Weibchen rang mit der Oberschwester, einer robusten, graulichblonden Person; ihre blauen Augen stachen erzürnt durch die goldgeränderte Brille.

»Das ist Vorschrift, und Sie wissen es auch, und daran kann ich nichts ändern.«

Sie sperrte Martha den Weg.

»Wohin wollen Sie?«

»Ich bin Frau Wolg. Ich habe mein Kind gestern hergebracht, ein kleines Mädchen –«

»Ach so, ja. Den Gang zuende, erste Tür rechts. Ein paar Minuten dürfen Sie bleiben.«

Martha dankte, die arme Frau sah ihr haßerfüllt nach. »Natürlich, die Dame wird durchgelassen, für unsereinen sind Vorschriften da«, beklagte sie sich erbittert. Die Schwester tat einen Schritt auf sie zu, flüsterte, zischte hart. Und jene erschrak und starrte sie an, verwandelt, mit unsichren Blicken. »Nein ...« – »Doch«, sagte die Oberin milder. »Und nun gehn Sie nach Hause, und danken Sie Gott, daß *Sie* Ihren Jungen außer der Zeit nicht zu besuchen brauchen.« Das dürftige Weibchen mümmelte ein Wort vor sich hin, schlich nach draußen.

Er wurde das »Kinderzimmer« geheißen, der Saal, den Martha betrat. Da ruhten die Kleinen, aufgereiht, in ihren zu großen Betten, viele elend, sehr still und blaß, einzelne schon mit Plauderversuchen, hier und dort stand ein welkender Strauß, und manche hatten ein kleines Spiel auf ihrer Decke liegen. Ursa hatte noch nichts, kein Spielzeug und keine Blumen. Sie wohnte dicht an der Wand im Winkel. Ihr Nachbar, ein dreister flachsheller Knirps, zupfte Martha am Kleid, als sie sich auf den eisernen Stuhl zwischen den Bettstellen setzte.

»Sie, Frau, was hat denn das kleine Mädchen; ist die sehr krank? Die hat wohl das Bein gebrochen?«

Martha nickte. Aber sie schaute das Bürschchen kaum an, verlor, was es sonst noch fragte. Sie beugte sich über ihr Kind.

Ursa lag ruhig; ein flüchtiger Blick mochte glauben, sie schliefe. Doch sie atmete schwer, und ihr dunkles Gesichtchen schimmerte auf dem weißbläulichen Kissen mit bleicherem, wächsernem Schein. Martha zuckte die Hand. Ihr zuckte die Hand, die Decke zu heben, die Wunde und ihre Binde zu sehen; aber das wagte sie nicht. Sie blickte sich in ihr Kind hinein; es spürte wohl nichts. Sie sprach es ganz leise an:

»Ursa ... Ursa ... Hörst du mich? Ich bin da.«

Dann nahm sie sein schlaffes Händchen auf und strich es mit zitternden Fingern. »Ursa ...!« Sie harrte ...

»Ursa –!«

Und plötzlich warf sie sich über das Kind und küßte es leidenschaftlich, verzweifelt, den weichen Mund, die Lider, die Wangen und seine reine Stirn, küßte es, küßte es, gierig, durstig, wie ein Verschmachtender trinkt.

»... ich werd dir auch schenken, was du willst, deine Mutter schenkt dir alles ... Du sollst auch ein Schiff haben ... so ein großes ... wir lassen es fahren auf der Spree ... du darfst ans Wasser, du darfst ... das Wasser ist nicht so schlimm, die Menschen sind schlimmer –« sie schluchzte, »und wenn du gesund bist, gehn wir gleich in den Zoologischen Garten und sehn uns die Tiere an: die Affen und Löwen und Tiger ... die Papageien –«

Sie richtete sich langsam empor und legte die Hand um die Schläfen, als duckte sie einen Gedanken so, der aufsprang und sie verstörte. Ja. An jenem Tage, da es geschehen, da das Unsägliche geschehn – und sie glaubte nicht, daß es vorgestern erst gewesen – da stand sie und wartete auf ihre Bahn und überlegte, ob sie das Kind nicht herkommen lassen sollte, in diesem blau und goldenen Wetter mit ihm zu den Tieren zu gehn, ob sie nicht doch bei Roßkaempfers anläuten könnte. Die hätten gleich zu Frau Beucker geschickt, Frau Beucker hätte die Kleine gesucht, und wahrscheinlich wäre Ursa dann nicht ––

Sie stützte den Ellenbogen aufs Knie, die Faust an die Stirne. Es war furchtbar, das auszudenken: Du hättest es hindern können. Du hättest wissen müssen, daß du es hindern kannst. Es vereiteln. Du bist schuld. Auch du ...

Das Kind bewegte sich, stöhnte.

»Ursa«, raunte sie heiß, »Ursa, verzeih mir. Vergib mir. Ich bin nur ein armes Weib. Nur deine arme Mutter. – Ich bin ja reich. Ursa! Ich hab doch dich. Nichts als dich ... nichts ... nichts ...!«

»Die Frau weint«, stellte der kleine Junge im Nebenbett fest. Sie hob das Antlitz wie eine Last aus dem zerdrückten Kissen. »Meine Ursa, nicht wahr, meine ... meine –«

Die Tür ging auf. Eine weiße Haube blitzte herein, eine goldgeränderte Brille.

»Es ist jetzt lange genug.«

Martha erhob sich gehorsam. Als sie den Hut vom Riegel griff, war ihr Blick auf der kleinen schmerzvollen Sonne, die bleichte, die kühler geworden und stumm, ein matter, sinkender Stern.

8

Das Käuzchen schrie. Sie kannte nicht seine Geisternamen »Leichenhuhn«, »Totenvogel«, sonst hätte der Ruf ihr bedeutet: »Komm mit, komm mit, zum Kirchhof mit!« Sie hörte die herzzerreißende Klage, des Kindes wimmernde Angst. »Sei still«, flehte sie, »sei still!« Sie riß sich den Deckzipfel über die Ohren, mummelte tief ins Warme sich ein und fand keine Ruhe. Erst lange nach Tagesanbruch im Grauen fielen die Lider ihr zu.

Sonntagsglocken läuteten sie aus dem Schlummer. Sie krauste die Stirn. Sie preßte die Zähne; ein jäher, unverständiger Haß stemmte sie gegen das Läuten. Es klang ihr irgendwie seelenlos froh, ganz mit sich selbst zufrieden. So leer und laut. Die Futterbimmel, dachte sie hart, für die hungrigen Seelen. Alles Stallvieh: wenn ihnen der Pfarrer die Raufe nicht füllt, sie würden kein Hälmchen finden. Sie erinnerte sich einer jüdischen Trauung, der sie vor etwa acht, neun Jahren im Festsaale beigewohnt. Anni Seidemann hieß das Bräutchen; Martha war sie fast fremd, doch die Eltern kannten einander. Der Prediger im Ornat der Reformgemeinde stand bloßen Hauptes und hielt seine Rede von Goethe und Schiller, von Schopenhauer und Kant. »Er hat ganz prachtvoll gesprochen«, lobte jemand nachher, »– so freisinnig – gar nicht, als ob es ein jüdischer Geistlicher wäre.« Frau Cronheim nickte. »Schade nur, daß die Kirchglocken fehlten. Dann hätte man überhaupt nichts gemerkt.« Das war Tante Henne Cronheim, geborene Jadassohn, des Vaters einzige Schwester. Sie mußte bald achtzig sein. Sie war vor Jahren schon zu ihren Enkeln nach Liegnitz übergesiedelt; Martha wußte kaum, wie sie lebte.

Sie kam von der Tante zu Vater und Mutter und kam zu den alten Wolgs. Der Postbote klingelte, warf durch den Schlitz; sie stand verwundert mit einem Brief der Schwiegereltern in Händen. Die schrieben fast herzlich, gut. Sie hätten die grauenvolle Tat aus der Zeitung erfahren. Es war wie ein Schlag. Zu furchtbar. Sie wären im Tiefsten erschüttert. Sie wüßten zu wohl, was das Mutterherz in diesen Tagen erduldet. Sie wollten helfen und trösten. Und fragten an, wo das Krankenhaus sei und wann sie das arme kleine Geschöpf am besten besuchen könnten.

Martha zerpflückte den Wisch. »Wären sie so voller Mitgefühl, sie hätten schon hergefunden.« Sie urteilte ungerecht. Die Alten hatten sicher geglaubt, daß sie nach unangemeldeter Fahrt Martha nicht antreffen würden. Und Martha dachte: Sie sollen auch gar nicht kommen. Ich will sie nicht. Ich geb ihnen keine Antwort drauf; sie dürfen von Ursa nichts haben. Denn ihr war, als verschenke sie schon ihr Kind, wenn sie nur dies Leid, das sie um es trug, mit anderen Menschen teilte. –

Diesmal, drüben im Krankenhause, ließ man sie vor der Tür, ohne sich lange mit Erklärungen aufzuhalten. Es ginge nicht, meinte die junge Schwester, weil zwischen drei und vier Uhr nachmittags ohnehin heut Besuchsstunde sei. Sie könnte die Kleine dann sehn. Ihr Zustand hätte sich kaum verändert, etwas gebessert vielleicht. Inzwischen sei sie vom Kindersaal nach Nummer 70 gewandert. Warum? Die Schwester zuckte die Achseln. Darum. Sie brauchten vermutlich das Bett.

Martha ging heim.

Sie erkannte von weitem die Dame schon, die vor ihrem Hofe und Gittertor auf und nieder spazierte. Die andre gewahrte Martha nun auch, schritt rasch entgegen und drückte ihr stumm die Hand. »Ich mußte kommen«, sagte sie schließlich leise. »Ich konnte Sie nicht so allein in Ihrem Unglück lassen. Mir fiel zwar ein, Sie würden vielleicht ins Krankenhaus gehn – –«

Sie war schon einmal nach oben gestiegen und hatte umsonst geschellt. Martha schloß ihr die Wohnung auf, entschuldigte sich der Unordnung wegen. Sie pflegte sonntags die Stube selbst ein wenig in Schick zu bringen und hatte das aufgewühlte Bett noch nicht wieder zugeschlagen. Frau Hoffmann rückte aufs Sofa. »Bitte, räumen Sie nur. Lassen Sie sich durch mich nicht stören.« Sie legte das Hütchen neben sich hin; kurze schneeweiße Haare bauschten sich um ein angenehm feines, fast jugendlich frisches Gesicht. »So«, erklärte sie plötzlich, »jetzt ist es hier schön genug. Ich bin Ihr Gast; Sie müssen sich zu mir setzen.«

Sie wollte doch weder die Tasse Milch noch ein Butterbrot haben. Martha zog sich den Armstuhl heran. »Ist die Frau Raisch inzwischen gekommen?« fragte sie mit einem Unterton, der dem harmlosen Satz nicht entsprach.

»Ja, sie ist dagewesen. Sie hat von einer Verwechslung der

Aufnahmen, von einem Mißverständnis geredet; ich wurde daraus nicht klug. Aber sie hat bezahlt. Wir werden sie wohl nicht wiedersehn, und der Fall ist damit erledigt.«

Martha nickte. Nach einer Weile begann sie sacht:

»Und waren die Leute auch noch da ... mit dem unaussprechlichen Namen?«

»Diese Rumänen – ja. Mit ihren Töchtern wieder. Solche Menschen mit wenig Mienenspiel geben stets gute Bilder. Die Ruhe ist ihnen natürlich. Dagegen die kleine Frau Mutzenbecher: das ist eine Kunst. Sie sieht nur hübsch aus und ist nur sie selbst, wenn sie plappert und lacht, und gerade dann den Augenblick abzufangen ...«

Sie hielt inne und schwieg und prüfte Martha mit den grauen lebhaften Augen. Nun sagte sie langsam:

»Arme Frau. Sie sind sehr hart.«

Martha ruckte.

Aber Frau Hoffmann wiederholte ganz sanft:

»Sie sind sehr hart.«

Und nach einer Pause:

»Gegen sich selbst. Sie reden mit mir gewaltsam von Dingen, die Sie nichts angehn. Nicht wahr? Sie wissen doch nur noch Ihr Kind. Sie dürfen sich nicht so zwingen ...«

Martha stammelte: »Was soll ich –?«

Die Ältere nahm das dunkle, sinkende Haupt in die Hände und bog es zu sich empor:

»Sie sollen weinen. – Diese Starrheit ... Ich ertrage das nicht. Wenn der unselige Mensch –«

»Welcher unselige –«

»Der elende Mensch, der das Kindchen –«

»Sie bedauern ihn?« Ihre Stimme bebte.

»Ich bedaure die Mutter, die ihn geboren hat.«

Martha schüttelte den Kopf, fast unmerklich, feindlich. Die alte Freundin beugte sich vor, ergriff ihre beiden Hände. »Aber, Liebes ... Sie müssen mich doch verstehn. Ich möchte nur –«

Sie verstummte. Martha hatte sich losgerissen, mehr mit dem wilden Blick als mit der jähen Gebärde. »Nein«, keuchte sie auf, »nein! Nein! Ich brauche das nicht! Ich brauch so ein Mitleid nicht! Das wird schön in Stücke geteilt, eins für mein Kind und das andere größere für den Mörder! Ich danke! Ich danke Ihnen recht herzlich!« Und scharf: »Gehn Sie. Ich will allein sein. Ich – ich habe Sie nicht um Ihr Mitleid gebeten. Ich bin keine Bettlerin! Ich will...«

Ihre Stimme zerbrach. Sie schlug die Stirn auf den Arm, auf den Tisch, fassungslos schluchzend. Frau Hoffmann saß still und bedrückt. »Armes...«

Nach einer Weile suchte die Hand das Taschentuch, wischte die Tränen. »Verzeihen Sie mir. Sie sehn: es ist schon besser, wenn ich mich zwinge. Ich bin so elend, so überreizt, ich weiß nicht mehr, was ich spreche. Ich bin krank. Sie können sich das nicht so vorstellen...«

»Doch. Ich kann es mir denken.« Und ablenkend, leichter: »Ich würde gerne bei Ihnen bleiben bis zum Nachmittag. Wenns Ihnen recht ist. Wir könnten irgendwo essen. Da unten ist solche kleine Wirtschaft, zwar nicht sehr vertrauenerweckend, aber – Sie mögen nicht?«

Martha senkte den Scheitel, sah zu, wie ihr Finger eine Acht auf die Plüschdecke zog. »Nein«, sagte sie leise, »Frau Hoffmann...«

»Ja?«

»Sie dürfen nicht – Sie dürfen sich nicht mit mir ärgern. Ich – Es fällt mir schwer. Ich möchte nicht unhöflich sein. Nicht undankbar sein. Aber ich kann nicht... mit Menschen darüber reden. Mit keinem Menschen. Ich muß ganz einsam sein. Ich muß das alleine tragen... das alles... für mich. Manche Mütter... die unglücklich sind... lassen sich gerne trösten... ablenken auch... ich weiß. Ich nicht. Ich... Ich bin anders...«

Die alte Dame stand auf. Sie bemühte sich, nicht gekränkt zu sein, und doch sprach aus ihr die leichte Enttäuschung zurückgewiesenen Gebers.

»Es ist schwer, die Nächsten zu kennen. Man schließt auf andre von sich. Es war gut gemeint. Sei'n Sie nicht böse.«

Der goldene Zeiger wies fünf Minuten zu drei. Die Menge sammelte, staute sich schon vor dem Haupteingang, Verwandte und Freunde der Kranken. Immer neue kamen hinzu. Und auf den Bürgersteig hatte sich plötzlich eine Zeltbude hergebaut mit Süßigkeiten und Früchten. Blumenverkäuferinnen trippelten auf und ab: »Schöne Rosen? Nelken?« Sie boten auch schlichtere Sträußchen an,

Löwenmaul, purpurn und elfenbeinfarb, zarte, fliederblaße Cosmea mit dem lichtgrün schleiernden Kraut. Martha trug im Seidenpapier ein paar gelbe Rosen. »Melody«, dachte sie sich. Aber diese hier waren viel heller, eher kanariengelb. »Ach«, sann sie hin und wartete traurig, »ich bringe Blumen; wer weiß, ob sie Ursa nur sieht...«

Vom grauen Himmel begann es mählich zu tröpfeln.

Kaum war der erste Torflügel offen, so stürzte die Masse schwellend und brausend wie eine Woge herein. Martha ward mitgerissen. Sie fand sich im Hofe, wo schon die Flut in sickernde Flüßchen sich teilte. Mit wenigen andern betrat sie den Bau, hielt eine Schwester an, spähte nach ihrer Nummer. Sie klinkte leise die Tür.

Es schien dieses große, freundliche Zimmer für Patienten der zweiten Klasse bestimmt, die es früher einmal gegeben. Wie überall schmucklos weiße Wand und weißes Eisengestänge. Nur ein brauner länglicher Tisch schob sich quer zwischen die nebeneinander gestellten Betten. In dem Bette am Fenster lag Ursa. Aus dem Bett an der Tür kroch ein altes Gesicht; überm Kopfende prangte auf schwarzer Tafel in Kreide: Ramtow Emilie Ehefrau. Und darunter: 62 Jahre. Die grauen Strähnen bewegten sich; Martha grüßte und war schon vorüber.

Sie füllte ein leeres Gurkenglas aus einer Kanne mit Wasser und stellte die Blumen hinein. Ursa hatte die Sterne offen, unbelebt, als sähe sie nichts, nichts von dem Grün, von dem schwachen Golde, das ihr entgegenglitt. Nichts von dem Auge, das über ihr war und liebend sprach wie der Mund. Kein Wimpernschlag, keine Regung verriet, daß sie die Mutter kannte. Nur als sie wie hungernd, wie ein Stück Brot das dünne Ärmchen ergriff, schloß sich die kleine Hand krampfhaft fest um ihre gierigen Finger.

Sie klagte, sie bat nicht mehr. Sie saß so still, so verfallen da, und große Tränen rollten ihr über die Wangen. Die alte Frau hüstelte. Martha blickte ihr zu. Die Kranke mochte ein Weilchen schon darauf gewartet haben; sie fing sogleich mit geschwätziger Freundlichkeit an:

»Die kleine Maus wird wieder werden. Es geht ihr ja heute schon etwas besser; ein Zeichen ist, daß sie hier liegt.«

»Warum?« fragte Martha zweifelnd. Sie erhob sich, unruhig, trat an das fremde Bett; die Kranke hüstelte wieder. »Ich weiß ja eigentlich nicht«, fuhr sie fort, »ob ich Ihnen das sagen soll –«

Das war eine Formel, anderes nicht, doch Martha neigte sich, unterbrach sie fast flehend:

»Bitte – bitte, sagen Sie's mir; ich bin doch die Mutter! Ich bin ganz in Unwissenheit ... die Schwestern reden so allgemein ... und der Doktor ist auch nicht da ... ich werde bestimmt nichts erzählen. Bestimmt nichts! Sie müssen doch denken –«

Aber die Alte, die nur darauf brannte weiterzuschwatzen, hatte schon wieder das Wort:

»Ja, sie hat gestern abend da drüben im Saal so gräßlich geschrien. Nicht gerade laut, aber so ... wissen Sie ... so zum Graulen. Ein paar kleine Mädchen sind aufgewacht und haben geweint. Weil sie auch angefangen hat, so zu reden – von diesem Mann – Sie verstehn. Da haben die Schwestern sie umquartiert. Es ist schon wegen der anderen Kinder ... wenn die das hören ...« Und sie fügte fast schalkhaft hinzu: »Auf mich altes Weib braucht man keine Rücksicht zu nehmen.«

Martha sprach: »Ja.« Es klang wie erloschen. Sie hätte den Rücken drehn sollen, hinwerfen: »Schluß!« Sie konnte es nicht. Sie war kraftlos vor Jammer.

»Sie hat sich seitdem nicht wieder gemeldet«, stellte die Schwätzerin fest, »bloß morgens beim Füttern, da zuckte sie so – es war wie ein Krampf – wahrscheinlich Schmerzen ... dann wurde sie ruhig –«

Die Tür flog auf, eine Gesellschaft fegte mit Ausruf und Lachen herein. Herr Ramtow, Tochter und Schwiegersohn, Schwäger und Schwägerinnen. Laute Begrüßung mit Sträußchen und Obst, heitre Entschuldigung, weil sie so spät gekommen. »Ja, wenn man sich verabredet hat!« – »Ja, wenn man sich mit Lene verabredet hat!« Lene verteidigte sich. Sie selber wäre schon pünktlich gewesen; weil aber Hans ... Und nun wehrte Hans dem Angriff.

Irgendwer machte: »Pst!« Die Lebhaften äugten neugierig-scheu nach dem hinteren Bette herüber. Frau Ramtow stellte die Dame vor, die sie selbst kaum kannte. »Mein Mann, meine Tochter, mein Schwiegersohn, Herr und Frau Jürgensmeier; Frau Wolg – nicht wahr?« Martha nickte, murmelte, wandte sich fort. Die Unterhaltung ging flüsternd weiter mit den immer wiederkehrenden Worten

»die Kleine«, »das Kind«. Martha hörte sie nicht. Mit ineinanderverkrallten Fingern, das Haupt nur leise ungläubig wiegend, saß sie und starrte auf dies, dies Ding, das stumpf nun dalag, blind und zerstört, und das eine Perle gewesen war an ihrem Hals, ihr im Herzen. –

Eine Berührung, die Stimme dicht ihr im Nacken schreckte sie auf. Der alte Herr Ramtow trat an das Bett mit einem Stengelchen Traube. »Das ißt sie am Ende doch«, meinte er freundlich. Er ließ die blauen glänzenden Beeren vor dem Gesichtchen hängen. Die Züge veränderten sich. »Sehn Sie, sie wird schon ganz munter.« Er beugte sich vor.

Da verzerrte es sich: das Antlitz war Fratze, die Augen waren Entsetzen. Da schrie es. Es schrie. Unrettbar. Nicht hoch, durchdringend, doch unheimlich. Unmenschlich. Und dann wie abgewürgt, wie erstickend. Einer drückte die Gurgel: es keuchte. In Todesängsten. In Qual...

Die Mutter warf, wie um es zu schützen, stumm erregt den Arm vor das Lager, drängte den Mann zurück. Er wich betroffen. »Es wird sich schon geben«, brummelte er gekränkt. Sie erwiderte nichts. Sie legte die Hand ihm auf Haar und Schläfen und streichelte es ganz sacht, unablässig, wieder und wieder. Das Kind ächzte und zuckte. Sie streichelte wieder und wieder. Es war ein wüster, häßlicher Traum, darin sie das tat, gezwungen tat; sie konnte sich nicht hervorwringen aus dem Schleier. Er rollte sie ein. Sie sah durch ein Fenster Bäume. Und sie hörte in ihrer unwirklichen schwebenden Welt zwei Stimmen aus einem fernen festen, wirklichen Hause. Die eine sprach: »Es gehört sich nicht, daß man eine ältere ruhebedürftige Kranke mit solchem Schreiding verkuppelt.« Die andere rief wie aus einer Tür: »Die Besuchsstunde ist zuende!«

9

Sie erinnerte sich. Vor etwa anderthalb Jahren war es gestorben. Das Gesichtchen war gar nicht so schlimm, sehr blaß; häßlich erschienen die allzu großen, abstehenden Ohren. Und seine himmelblauen, blicklosen, irren Augen. Frau Lange brauchte nicht tuschelnd zu sagen, daß es geisteskrank sei. Das sah man sofort. Und dann war es leicht gestorben. Die Mutter hatte sich seufzend getröstet: »Gott weiß ... es ist vielleicht besser so.« – »Ja, es ist besser so«, meinten die Nachbarinnen rings in den Lauben.

Und eine Zwiesprache fiel ihr ein, die sie mit ihrem Manne gehabt in der ersten Zeit ihrer Ehe.

Ein Tagblattbericht: Eine Frau aus gebildetem, höherem Stande, Witwe, hatte nur einen Sohn von ungefähr zwanzig Jahren, der gleichgeschlechtliche Neigungen hegte und ihnen nachging. Voll Angst bemühte die Mutter sich, immer umsonst, ihn zur Umkehr zu bringen. Eines Abends hielt sie ihn wieder fest, versuchte mit ihm zu reden. Er verschanzte sich. Er wies sie am Ende grob zurück, und sie erkannte aus seinen Worten, daß ihm irgendwer oder er sich selber eine Sittenlehre zurechtgemacht, die sein Laster erlaubte, ja pries. Er ging fort, und sie wartete die Nacht, bis er heimgekommen. Als er schon schlief, betrat sie sein Zimmer und schoß ihn ins Hirn.

Friedrich Wolg erwähnte die Tat; er fand sie unmenschlich. Martha las. Dann meinte sie ruhig: »Nein. Ich versteh es.«

Friedrich ereiferte sich. »Du verstehst es? Daß eine Mutter ihr Kind – hinrichtet, muß man schon sagen – nur weil es zufällig unglückliche Anlagen zeigt? Dann könnte sie es ja ebenso gut totschlagen, weil es krank ist! Die Mütter von Räubern und sonstigen Schurken sind manchmal sehr ehrenwerte Fraun; wenn alle die zum Revolver griffen ... Fremde Menschen können verdammen; eine Mutter soll immer verzeihn.«

Er sprach diesen Satz, als käme der nicht aus ihm selbst, als hättte er ihn gelegentlich vernommen oder gelesen. Und unsicher fügte er bei: »Man muß Mitleid haben mit kranken Menschen – Menschen mit krankhaften Trieben ... Besonders ein Weib.«

Martha flackerte auf: »Und kein Mitleid mit ihren gesunden Opfern?«

»Natürlich«, warf er ein, »ich meine nicht ganz schwere Verbrecher, Mörder . . .«

Sie stützte das Kinn in die Hand, versonnen: »Wenn man sein Kind sehr lieb hat, dann kann man alles. Man kann sich von ihm ermorden lassen. Man kann es auch töten.«

Beide schwiegen. Friedrich, nach Widerrede suchend, kramte die Schreibmappe durch. Dann hatte es draußen heftig geklingelt, dann war sie öffnen gegangen, und als sie zurückkehrte, hatte ihr Mann schon andre Gedanken im Kopf. –

Sie besann sich auf alles. Sie wußte noch, daß sie als ganz junges Mädchen bei ihrer Tante Henne Cronheim eine fremde Dame getroffen. Als der Besuch sich verabschiedet hatte, erklärte die Tante: »Sie ist sehr unglücklich. Sie hat eine Tochter ––« Das übrige nickte und wisperte sie Marthas Eltern nur zu. Der Vater strich sich den Bart. »Es wäre gut, solche Kinder würden erst gar nicht geboren.« Die Mutter zwinkerte so mit verlegenen, unbehaglichen Augen. Und die Neunzehnjährige dachte nach, den ganzen Heimweg dachte sie nach, was das geheimnisvoll Schreckliche sei, das sie nicht hören durfte. Sie sollte es nie erfahren. Es war vielleicht . . .

Ihre Blicke faßten die Uhr. Zwölf Minuten vor zehn.

Sie sprang empor, warf die Jacke über, riß ihren Hut aus dem Schrank. Zwölf Minuten zu zehn. Und sie wollte noch in den Laden. In die kleine Schreib- und Spielwarenhandlung der Schwestern Benthien. »Mutter, da ist ein Ball . . . im Schaufenster, weißt du . . . so ein ganz ganz großer, so groß!« – und Ursa spreizte die Händchen – »mit Sternen; den mußt du mal sehn. Gelb und rot und grün und blau . . . Frau Lange sagt, den kann man gar nicht bezahlen. Soviel Geld hat man gar nicht.« Sie wollte ihn heute sich holen, den unbezahlbaren Ball. Schon im Begriff, aus der Stube zu laufen, machte sie nochmals kehrt, trat zum Nachttisch, nahm aus dem Schubfach ein Fläschchen und steckte es in ihren Beutel. –

In dem hohen, kahlen, von Arzeneien wehenden Gang begegnete ihr kein Wesen, niemand im weißen Kittel, im blau-weiß gestreiften Kleid; so wartete sie auch nicht ab, um zu fragen, sondern schritt auf die Tür Nummer 70 zu und drückte sie hastig auf.

Frau Ramtows Gesicht hatte heut einen völlig anderen, verärgerten Ausdruck. Ihre Sippschaft hatte sie gestern offenbar aufgemutzt. »Sie sollten lieber gar nicht erst hingehen«, murrte sie nach einer kurzen Begrüßung, »sonst fängt sie gleich wieder an. Sie ist gerade mal still geworden. Die halbe Nacht war das so, da hatte sie Krämpfe. Man konnte kein Auge zutun.« Daß Martha nicht schon um Entschuldigung bat, erboste die Alte sehr. »Man ist selber krank und braucht Pflege ... Ich bin neugierig, was ich dafür kriege, daß ich hier Kinderwärterin bin.«

Sie stockte, erschrak. Die fremde Mutter stellte sich vor ihre Stätte, plötzlich, mit starken Schritten, sehr groß. Sie starrte in dieses Antlitz, entsetzt: Sie will mich erwürgen. Martha neigte sich nicht.

»Frau Ramtow«, sagte sie, unerwartet beherrscht, mit wie in der Faust zusammengeduckter Stimme, »Sie nennen es Krämpfe, ich möchte sie fragen ... Frau Ramtow, was wissen Sie? Bitte, erklären Sie mir ... der Doktor muß doch mit dieser Oberin reden, wenn er das Kind untersucht.«

Die alte Frau stupste das Kinn tief zwischen die Kissen. »Ich weiß gar nichts«, murmelte sie. Halbwegs beruhigt. »Der Doktor hat, glaub ich, nur gesagt, daß etwas ›zerdrückt‹ ist oder ›gedrückt‹, ich hab mich nicht viel drum gekümmert.« Sie räusperte sich. »Man hat genug an eigenen Leiden«, fügte sie bös, doch vorsichtig-leise hinzu.

»Mehr wissen Sie nicht?« Wie ein Vorgesetzter, ein Richter.

»Nein.« Die Greisin drehte sich, schloß die Lider, als wollte sie schlafen. Martha trat neben ihr Kind. Ursa hatte bis jetzt scheinbar friedlich gelegen; aber als sie die Mutter sah oder hätte sehn müssen, kam diese Unruhe in ihre Züge, wieder dies zuckende Bangen, auch ihr kleiner Körper ängstigte sich, machte Bewegungen, nutzlose, schwache, wie ein Gebundener, der an Stelle und Ort vor etwas Gräßlichem flüchtet. Und seine Kehle röchelte Laute, zu ermattet schon, um noch zu schrein. Ihm hatte ein Menschenangesicht Grauenhaftes getan, nun schauderte es vor jedem. Es floh. Das Kind floh vor seiner Mutter.

Marthas Antlitz war Stein. Ihr Herz weinte. Sie zog sich zurück und streckte den Arm, der in einem dünnfädigen, großmaschigen Netze den riesigen Gummiball trug.

Wie er leuchtete! Das Glänzen der silbernen Sternchen und bunten Farben schwelte doch in des Kindes Blick. Unsicher flatterte eine Freude über sein armes Gesicht, ein himmlisches, süßes Lächeln. Ein irres Lächeln ... Es mühte sich ab, die Händlein zu heben, das schöne Wunder zu fassen. Die Mutter senkte an langer Schnur es nieder auf seine Brust. Es wölbte schnappend, tastend die Lippen der Kugel im Netz entgegen, wie ein Säugling alles, was ihm gefällt, in den Mund stecken muß. »Du hast Durst«, sagte Martha laut. Es wird hier kein Trinkglas sein, dachte sie hoffend. Da stand das Glas. Sie ließ den bunten Ball auf der Decke, ging mit dem Glase hinaus. Im Flur waren Wasserhahn und -becken.

Man wird mich sehn, hoffte sie noch. Man wird kommen und mich zur Rede stellen, was ich hier tu. Ich werde es nicht vollbringen. – Niemand kam. Ja, doch, ein Krankendiener, weiße Tücher im Arm, trabte vorüber. Nun war sie allein. Sie öffnete den Beutel, das Fläschchen, schüttete etwas heraus. Löst es sich aber nicht im Wasser, so gieß ich es fort. Es löste sich gut. Sie kehrte mit ihrer Mischung zurück und gab dem Kinde zu trinken.

Ihre letzte, endliche Hoffnung war, daß es sich sträuben würde. Ob trotz des unangenehmen Geschmacks dies Kühle, Glatte ihm wohlbehagte: es sträubte sich nicht. Wenigstens nicht sogleich. Die ersten Schlucke rutschten ihm sänftlich hinab, ohne Schwierigkeiten. Dann wand es sich, drehte das Köpfchen. Da hielt es die Mutter gewaltsam fest und flößte den Trank ihm ein. Es stöhnte, wehrte sich matt. Sie hob ihm die strahlende Glückskugel wieder; es lächelte ... lieblich ... irr ... die Nachbarin zeigte ihnen den Rükken wie ein bockiges Gör.

Martha spülte draußen das Glas, nippte selbst ein paar Tropfen. Ob das Geplätscher fließenden Wassers die Oberschwester herbeigelockt, sie stand auf einmal mitten im Gang, erkundigte sich in scharfem, erstaunten Tone: »Frau Wolg – Sie sind hier? Bei wem haben Sie sich gemeldet?«

Sie flüsterte schuldbewußt: »Bei keinem.«

»Das geht aber nicht. Sie dürfen unser Entgegenkommen nicht in dieser Weise mißbrauchen. Sie können heut nicht hinein.«

»Ich war schon drinnen.«

»So? Das ist sehr unrecht. Dann gehn Sie aber jetzt, bitte.«

»Könnten Sie mir nicht wenigstens sagen –?«

»Nein, nichts. Ich habe keine Zeit. – Schwester Käte«, rief sie ein junges vorüberhuschendes Mädchen an, »war Herr Ulrich da? Haben Sie den Schein vorne abgegeben?«

Es hatte geklingelt, sie machte auf, ein Junge stand draußen.

»Was willst du?«

»Ich bin Heinz Kopecki . . . von Frau Kopecki . . . die ist angestellt in der Küche . . . Schwester Hildegard schickt mich her, Sie möchten mal kommen . . . « Er setzte etwas verlegen hinzu: »Ihr Kind ist, glaub ich, gestorben.«

Martha nickte. Fast kalt: »Gut. Ich komme.« Sie schloß vor dem Boten die Tür.

Sie wankte, lehnte wie tief ermüdet das schwere Haupt an die Wand. Und ihre geschlossenen Augen schauten das Kind, so wie sie es später erblickte: Der große Ball glühte noch am Ende des Bettes; die Blumen von gestern hatte man einzeln über die Decke gelegt, und Ursa trug auf der Brust eine gelbe sterbende Rose.

Zweiter Teil

1

Heut war sein Todestag. Heut vorm Jahr.

Sie blickte noch einmal die Tafel an, ihre Rückfahrzeiten zu wissen, ehe sie die Halle verließ. Es sprühte und windete fein. Schulter und Brust des graugrünen Regenmantels schienen schmutzig von dunklerer Feuchte. Sie hielt ihre beiden Asterntöpfchen ungeschickt an sich gepreßt.

Des Waldfriedhofs Eingang lag dem Bahnhofsbau schräg gegenüber, nur von ihm durch einen weiten Platz mit Zieranlagen getrennt. Die wirkten sehr neu, so abgezirkelt, so künstlich sauber; neu auch und kahl, erstarrte Glätte, goß der Asphaltdamm sich hin. Ein Auto zuckelte vorwärts, zurück, wußte nicht genau, was es wollte. Martha wartete. Neben ihr hüpfte es nieder. Eine Kastanie; vom Wipfel der grüne stachlige Ball, dem, da er am harten Pflaster zersprang, die braunglänzende Frucht entrollte. Martha bückte sich trotz ihrer Töpfe umständlich, hob sie auf. »Tanje« hatte Ursa gestammelt, als sie noch kleiner war, »Tanje«. Sie erinnerte sich, wie Ursa und Elschen einmal nach Haus gekommen, jedes mit einer schweren, langen Kugelkette am Hals und jedes stolz auf den protzigen, barbarischen Schmuck wie ein Negerhäuptling...

Dicht hinter dem weißen hölzernen Friedhofstor stand ein ebenfalls weißes Häuschen, davor unterm grisegrauen Himmel eine Blumenversammlung tagte: in der Mehrheit die Roten. Martha hatte nun schon ihre Astern in der Bahnhofshalle gekauft; aber jenes Pflänzchen war reizend. Wie ein Bäumchen, grün, mit gelbscharlachnen Beeren gleich winzigen Blutapfelsinen. Die Verkäuferin, die ihr das kräftigste suchte, kannte auch seinen Namen nicht, lieh ihr indes einen Henkelkorb für die drei Töpfe. Denn sie hatte noch ihren Weg.

An dem neuen Verwaltungsgebäude vorbei, einem Bauernhause, aus düsterem malvenfarbigen Backstein errichtet. Jetzt war die Zeit der Malve... Von dieser breiteren Hauptallee strängten die Nebenpfade sich ab wie Flußarme, die im Lauf bewaldete Inseln umfaßten; an den Ufern unter schwermütigen, versonnenen Kiefern lagen die Gräberreihen. Unter märkischen Kiefern im Sande...

Wenig Menschen. Hier und da eine mottenfarbne verlorene Frauengestalt, die welke Geraniumblüten schnitt, die Fuchsien zum Hügel rückte. Die blauen und rosa Hortensien waren verblichen. Über der grauen steinernen Urne trug ein schwangerer Strauch die Fülle der Hagebutten; aber niemand nahm sie ihm ab.

Denn hier waren Aschenkapseln und hier waren Särge beigesetzt, ein Schmalweg führte zum Urnenhain, und auf das Kreuz folgten Blöcke, Tafeln mit jüdischen Namen. Sie kam an Grabstätten ohne Mal, an Stätten, die nicht, den anderen gleich, heckenumfriedet ruhten. Die Toten schliefen im Walde. Im Wald ohne Jäger mit schweigenden Menschen und munterem Tier. In der Nadelstreu unter den Bäumen knisterten, raschelten Drosseln; Buchfink und Meise umhüpften die Wasserkufe am Eck, ein zierliches Eichhorn huschte stammauf, stutzte und äugte von droben.

Dieses, der Säulenstumpf im Mahoniegebüsch, war das Zeichen. Daß sie nun einbiegen mußte. Sie strebte dem Erbbegräbnis entgegen, dem griechischen Tempel, der kühl und klar aus der Lichtung sich hob zwischen zwei welschen Pappeln. Dort ragte das Felsstück, roter Granit, mit der Goldschrift: Eberhard Weil. Dort: dort lag Ursa.

Ihr Grab war in eine gleichmäßig niedere, frische Thujahecke geschlossen, mit jungem Efeu der Hügel begrünt, den Föhrenast überschattete, ein grauer Findling bewachte.

Ursa
mein Kind

Sonst nichts. Weder Sprüche noch Ort noch Zahlen. Eines Tags würde wandernder Blick auch der Mutter Namen hier lesen. Das Fleckchen bot beiden Raum.

Keine Blumen. Doch wollte sie später Zwiebeln bringen von rahm- und rosafarbigen Tulpen, und frühlings müßten wieder im Grase Schneeglöckchen, Blaustern und eigelber Krokus blühn. Ach ja, aus dem rundlichen Zwergstrauch sprang die letzte tiefgelbe Knospe. Melody. Sie hatte die Rose Melody, die schimmernde Tulpe Ibis bei einem fernen Gärtner bestellt zum Geschenk für ihr Kind. Ursa, schwarzsamtene Hummel. Aufgestört, flog sie zur Nachbargruft, zur Tagetes summend hinüber, tauchte die Zunge in eng gerollte orangene Tütchen ein.

Denn es sprühte nicht mehr. Es tröpfelte schon nicht mehr, und aus einem milchigen Himmel kroch verschleiert die zarte Sonne mit bläßlich blinzelndem Schein. Martha kauerte hin. Sie topfte die weißen, die violetten und rötlichen Astern aus und senkte sie mit einem kleinen Spaten in ihre Heimat Erde. Sie stellte aber das Früchtebäumchen zwischen den Efeu hinein, nahm eine vertrocknete Ranke ab und rupfte dem eben fußbreiten Weglein das sprießende Unkraut fort. Dann wischte sie mit einem Zeitungsknuddel die leichte Bank und saß nieder.

Ihre Augen blinkten feucht, erst jetzt. Als ob auch sie, solange die Hand gejätet und eingepflanzt, keine Zeit gehabt, Tränen zu suchen. Auf der Herfahrt hatte sie nicht geweint, sich vor den Leuten zusammengerissen; sie konnte das, wenn sie mußte. Und doch ... dies kleine, reizende Mädchen, das im Zuge ihr gegenübersaß und auf dem Schoß einen großen, flachen eingewickelten Gegenstand hielt, den es durchaus nicht loslassen wollte, der meist sein Gesicht verdeckte. Denn es kam weither aus Berlins Nordosten, den harten steinernen Straßen, und fuhr zu Verwandten im westlichen Vorort auf einige Tage zu Besuch, und sie hatten ein Haus und den Garten! Und da war eine große, schöne Wiese, drum brachte es auch seinen Drachen mit; der war neu gekauft, war gelb und lila mit einem grünen Schnipselschwanz, und es preßte ihn liebevoll an sich. Martha hörte, sah hin, es fiel ihr ein, daß Ursa nie einen Drachen gehabt; die öden Skabiosen- und Wolfsmilchfelder waren doch wie zum Steigenlassen geschaffen. Aber sie schien noch zu klein. Ein älterer Bengel konnte ihr leicht die Schnur zerreißen, zerschneiden ... Hatte Ursa sich überhaupt einen gewünscht? Sie wußte nicht einmal das. Es war gleich. Sie mußte fragen und würde schon Antwort bekommen.

Sie betrachtete das Efeugelock, als müßte sie drunter ihr Kind so finden, wie es da lag in dem kleinen Sarg, bleich mit den Rosen um Haupt und Brust, still mit den sanften gesenkten Lidern, als ob es ein wenig schliefe. Und die Mutter war neben ihm hingekniet und hatte das tote Mädchen geküßt und hatte wie eine Irrsinnige geraunt und gebeten: » ... Ursa ... du Liebes ... ja ... ?« Und sicher wäre es aufgewacht und hätte aus zarten Wimpern gelächelt, die Arme ihr um den Nacken gelegt, wenn nicht die Menschen im Augenblick den Deckel darübergehoben. Sie seufzte.

Sie warf sich jäh von der Bank zum Hügel und wühlte das heiß überströmte Antlitz in kühles, zitterndes Laub. Auf einmal dachte sie an ihre erdebeschmierten Kleider. Sie murmelte: »Es ist mir gleich ... ist mir gleich ...«

Sie stand auf. Es war gut, daß sie Efeu gewählt, nicht Blumen. Blumen auf dem Grab schienen hübscher, freundlicher anzuschaun, doch Efeu war weich und warm, eine Decke, da fror es nicht so im Winter. Denn es mußte bleiben im eisigen Sturm – *»Meine* Ursa ...« Tränen. Sie stemmte den wilden Blick gen Himmel in das fahle weißliche Grau. »Ursa, ich ... Ich werde ihn töten.«

Und wieder hockte sie auf der Bank, und ein Lebendiges regte sich hervor aus der Thujahecke. Da kroch es mit nachgezogenem Bein, da hüpfte es über den Weg; sie starrte hin: eine mächtige, dicke schlammbraune Kröte. Schon bereit hinzugehn, das Ding zu vertreiben, hielt sie sich selber mit einem Lächeln zurück. Ursa war wunderbar unbefangen und neu, nicht wie Erwachsene mit unnützen, verschrumpelten Vorurteilen beladen.

»Guckt doch mal, was hier ist! Was Schönes. Ein großer brauner Frosch. Der ist ganz zahm, ich streichle ihn immer, und er hüpft bloß so'n bißchen!« Sie patschte ihn an, etwas vorsichtig zwar, doch ohne Ekel noch Furcht. »Hupf ... hupf ...«

»Laß«, warnte Frau Beucker, »das ist eine Kröte, kein Frosch. Die ist giftig.«

Ein Grund mehr, wieder hinzutippen. Das Tierchen durchschlüpfte den Zaun. »Die hat wohl da drüben ihr Nest.«

»Ursa!« belehrte Elschen streng, »Frösche, die haben doch kein Nest, die schwimmen im Wasser!«

Das war der sonnigste Feiertag nach einer Regenwoche gewesen; sie hatte mit Ursa einen Spaziergang durch die Alleen gemacht und auf dem Rückweg die alte Frau mit dem Enkelkinde getroffen. Ursa kam immer gern mit. Voll Freude. Die Mutter ging ja so selten mit ihr spazieren. Alltags, da hatte sie keine Zeit, und sonntags, da hatte sie oft keine Lust; sie war wohl ein bißchen müde, bequem ... oder das Wetter war häßlich ... Aber dann auch wußte sie nichts als dazusein für ihr Kind. Beim Dämmer saß sie im Sofaeck, erzählte ihm Märchen ... Geschichten.

Nein, sie brauchte jetzt nicht zu bereun, sich selbst zu verklagen, nein, sie war keine unachtsame, nachlässige Mutter gewesen. Eine ernste, zu schweigsame Mutter vielleicht, die ihr Geschöpf nicht mit Zärtlichkeiten wie mit klingelnden Glöckchen behängte. Sie küßte es, eh sie es morgens entließ; das war wie ein Segen, vor Bösem ein Schirm; sie küßte es, wenn sie wiederkehrte, mit der Inbrunst der Liebenden. Aber sie hatte gar keinen Sinn für solche harmlosen Narreteien, Schelmereien und Neckereien, Spielchen und Liederchen, für alle die glitzernden Niedlichkeiten, die andere Mütter um ihre Kinder wimmeln und bimmeln lassen. Ob da das Kind einen Mangel gespürt? Kaum wohl. Sie wußte doch nicht ihm nur träge zu schenken, was eben für Geld sich kaufen ließ, es bloß auf ihre Art zu erfreuen, sondern auf seine auch . . . sie erinnerte sich des Sonnabends vor – diesem Tage . . .

»Mutter . . . Elschen geht morgen mit in die Kirche. Gehn wir auch mal in die Kirche?«

»Nein.«

»Warum nicht?«

Schon im Begriff, ihrem Kinde zu geben, was es kaum noch erfassen mochte, hielt sie inne; ein anderes kam ihr zur Hand.

»Wir gehn dafür in den Tempel.«

»Tempel –? Wo ist das? Ist das schön?«

»Ja, sehr schön. Wir gehn zu Simchas Thauro, Mitte Oktober.«

Und wie sie sprach, war auf einmal der Tempel ihres Geburtsstädtchens da, der Umzug der Kinder mit bunten Fähnchen – auf jeder Spitze steckte ein Apfel und in dem Apfel ein Licht – und der Zuckerzeug- und Rosinenregen, der auf ihre Köpfe fiel. Sie mußte Ursa berichten. Und dann . . . dann war das Laubhüttenfest, war der Tag der Gesetzesfreude gekommen, und sie hatte es nicht bemerkt. Sie hatte dies letzte Versprechen nicht eingelöst. Nicht einlösen können. Sie war doch in keiner Synagoge wieder gewesen seit –

Sie fuhr zusammen. Hinter ihr redete es. An das Nachbargrab, dem sie den Rücken wies, waren Menschen getreten. Gartenarbeiter: sie hatte die Schritte nicht einmal gehört. Nun erschrak sie, als hätten die Männer sie bei ihrem Sinnen ertappt, als wäre das ausschweifendes, verbotenes Sinnen gewesen. Sie hatte vielleicht sogar vor sich hingemurmelt. Der Größere, der dunklere Bursche, spähte jetzt scharfäugig her. Sie erhob sich, sie blickte Ursa noch einmal an und ging. Jenseits der Hecke schlummerte eine sehr geliebte, sehr junge Frau, gestorben mit zwanzig Jahren.

Sie glitt an dem Mausoleum vorüber, sie kam an dem riesigen Findling vorbei, den Eltern dem kriegsgefallenen Sohne, dem abgestürzten Flieger, gesetzt. Er war fast schwarz, und das grüne Moos umkroch seine Schläfen. Sie blieb vor dem Pfaffenhütchen stehn und betastete seine seltsam geformten karminrosa Früchte. Und gab am Tor das entliehene Körbchen bei der Verkäuferin ab. –

Als sie dann ausstieg, den Bahnhof verließ, trieb sich vor dem verrußten Gebäude ein Zettelverteiler umher, drückte auch ihr in die Hand einen Wisch, den sie kurz überflog:

Deine *Zukunft?* Dein *Schicksal?* Dein *Glück?*

. . . .

Die Sterne lügen nicht!

. . . .

. . . . Was willst du wissen? . . . . . . die begnadete Frau, vor der das *Geheimste offenbar* . . . . Sandra Oréta . . . . (gegenüber Kaufhaus Stern).

Sie knüllte das Ding, um es wegzuschmeißen, bedachte sich jäh und schob es zerknittert, wie es war, in ihre Manteltasche.

2

Sie hatte zwischen Morgen und Abend nichts Warmes gegessen mehr. Denn als sie vom Friedhof heimgekommen, hatte sie sich ins Sofa geschmiegt und war sofort eingeschlafen. Nun stand sie am Herd, kochte Suppe und briet ein paar Setzeier in der Pfanne. Sie holte ein Stückchen kaltes Schnitzel, die Scheiben Wurst aus dem Kühlschrank, mit alledem aufzuräumen, wenngleich ihr der eigne gesunde Hunger fast Treubruch an Ursa schien. Sie stellte auch ihrem schmucklosen Teller mit Messer und Gabel gegenüber ein bunteres Tellerchen auf den Tisch, betrachtete es mit seltsamen Blicken und nahm es jäh wieder fort. »Nein«, fühlte sie, »das ist Totenbeschwörung. Das darf nicht sein. Sie soll schlafen in ihrem Grabe.« Sie dachte aber an jenes Glas, voll Rosinenwein wie die andern, draus an ihrer Kindheit Sederabend der Prophet Elias trank. Ein Fensterflügel stand offen. Und während Martha bei ihrer kurzen, rasch bereiteten Mahlzeit saß, rief im Hof eine Kinderstimme:

»Herr Lange! Frau Lange! – Herr Lange, ist Elschen da?«

»Die kann jetzt nicht kommen. Die war den ganzen Nachmittag weg und macht erst noch Schularbeiten.«

Er klappte das Fenster zu.

Schularbeiten. Sie sah das kleine Mädchen da sitzen, ernst, mit geneigtem Kopf, und die rote eifrige Zungenspitze fuhr zwischen den Lippen hin und her, wie es ins Schreibheft angestrengt seine großen Buchstaben malte. Sie wußte gar nicht, ob Elschen so schaffte, das Zünglein mitmachen hieß; aber sie kannte Ursa, ihr Kind, wenn es andächtig spielte. Nach gutem Werk ward der Ranzen gepackt: Rechenbuch, Federkasten und Fibel. Der Kasten war braungebeiztes Holz, auf dem Deckel goldene Ähren. Frau Hoffmann hatte schuldbewußt fast, mit leisem Zögern gestanden:

»Ich hatte auch schon ein Federkästchen besorgt, das wollt ich ihr heut zum sechsten Geburtstag schenken. Sie käme doch Ostern zur Schule.«

Und Martha mit schwankender Stimme:

»Wenn ... wenn Sie wollen – geben Sie's mir ...«

Das Federkästchen. Drüben stand es im Schrank. War erdenbraun mit goldenen Ähren. Wie ihr Kind. Sie ging hinüber. Und mit einem Sich-erlösen-Wollen kniete sie vor dem Schubfach nieder und langte das Buch hervor. Die Bibel. Die hatte einst Tante Henne Cronheim der kleinen Nichte geschenkt. Den schwarzen Band mit dem goldenen siebenarmigen Leuchter draußen, den schönen Bildern drinnen. Da war Eva unter dem Apfelbaum mit der listigen Schlange. Und der Zeichner hatte gerechterweise dem Wurm hier noch Füße gegeben; denn dies »Auf dem Bauche sollst du kriechen« war ja erst Strafe für bösen Rat. Und Kain schritt hinter den Stieren am Pflug, und Abel trieb seine Lämmer, und Abraham zog seiner Sippe voran auf dem Dromedar unter Palmen und Sternen. Und König David umtanzte die Lade, und König Salomo saß zu Gericht. Da hielt sie mit Blättern inne. »Nein«, dachte sie. »Ich weiß nicht... ich hätt es wohl nicht gekonnt, auch wenn es mein Kind gewesen. Ich hätt es nicht hergeben können... der fremden anderen Frau... Ich weiß nicht... Nein.«

Sie blieb und las Salomos Urteil aufmerksam wieder. Dies war auch eine Bibelgeschichte, die sie Ursa erzählen wollte. Wenn Ursa erst älter war. Sie hatte bisweilen daran gedacht: ihr Kind sollte seinen Glauben daheim, nicht in der Schule empfangen. Sie selbst wollte Lehrerin sein. »Und zu der Zeit kamen zwei Frauen zum Könige. Und die eine sagte:...« Ursa aber hörte an, was sie sagten, mit schiefem Köpfchen, auf wartenden Lippen schon unschuldig liebe Fragen, mit den warmen und reinen Augen. Den dunklen, nachdenklichen Augen. Immer ihr Kind... ach Gott...

Sie wendete um, als hätte sich jäh die Seite mit scheußlichen Fratzen bemalt, mit furchtbaren Dingen beschrieben. Und dort, wohin sie eben geriet, begann sie hartnäckig zu lesen. Sie las von Jonas im Leibe des großen Fisches und von der schattenspendenden Pflanze, die zu seinem Kummer verdorrte. Dann blickte sie auf, leer, wie erschöpft. Wozu tat sie das? Was brachte ihr das? Es gab ihrem Grübeln keinen Bescheid, ließ sie trostlos, hilflos, es trug kein Licht, ihren düsteren Schmerz zu erhellen. Sie klappte den Deckel zu. Der Prophet, die Pflanze und Ninive, was gingen denn die sie an? Was flehte sie noch zu Gott? Wenn Gott war, wie durfte das Greuelwesen an einem Kinde geschehn?

Er war nicht.

Sie wußte doch kaum, daß der Väterglaube mit ihr, ein Teil ihrer selbst geworden, daß bloßes Verlierenmögen nichts nützte und daß sie der Anstrengung, sich zu verstümmeln, gar nicht mehr fähig war.

Sie holte den Packen schadhafter Wäsche, nahm Stopfgarn und Nadel, Fingerhut, Schere und rückte näher zum Licht. Ein Weilchen nur zog sie achtsam die Fäden; bald ließ sie die Arbeit im Schoß. Das Zimmer war schummrig geworden. Vor beiden Fenstern lag, grau überflort, ein rosakupferner Himmel. Ein unwirklich zarter, legendenhaft scheinender Himmel. Die Rüsternkronen schnitten hinein, scharf, mit den erzgemeißelten Blättern, den Blättern aus grüner Bronze. Gen Süden streifte ihn falbes Gewölk, eine Treppe verschwebender Stufen, silberbläulich, grauviolett. Im Westen sank sein kupfriges Rosa über glanzlos Messinggelbliches ins Altgold schwimmender Sonne. Sanft ebbte ein stilles, schimmerndes Meer von glücklichem, nie betretenen Gestade. Des Abends flauschiger Mantel war, verweht, in die See geflogen; so weit sie noch glomm, er sog sie doch gänzlich auf. Martha sah diesen schmalsten Spiegel mattgoldenen Wassers erblinden, hob sich wie unter einer Schwere langsam vom Sessel empor. Und weil ihr Blick auf den Waschtisch fiel, ergriff sie das Stückchen Mandelseife, am Heimweg gekauft, und packte es aus und zupfte den Fetzen Silberpapier, darein es wie immer gewickelt war, zum glatten, glitzernden Deckchen.

Sie erschrak. Was tat sie da? Für wen strich sie die Zipfel aus? Wer konnte ein silbernes Deckchen brauchen als Ursa, ihr Kind? Frau Beucker schnipselte ihm mit der Schere noch allerhand Muster hinein.

Sie erinnerte sich. Sie brachte einst eine andere Sorte; Ursa war nicht erbaut.

»Die hat ja gar kein Silberpapier – was ist das für Seife?«

»Sehr feine. Blumenseife.«

»Blumenseife? Wäscht man da Blumen mit?«

»Ja«, hatte die Mutter lächelnd erwidert, »so kleine schmutzige Blumen wie dich.«

Sie unterdrückte ein Gähnen. »Es ist noch früh«, dachte sie. »Immerhin kann ich schlafen gehn; ich bin wieder müde. Trotz des Nickers vor Tisch. Das Stopfzeug hat Zeit bis morgen.«

Sie zog sich gemächlich aus. Sie hatte die Lampe angezündet, kramte im Schubfach und zerrte beim Kramen ungewollt etwas hervor. Ein Nachthemd aus zart aprikosenfarbnem Batist mit Durchbruch und bräunlicher Spitze. Friedrich Wolg schenkte es ihr. Sie hatte es vor seinem Tode noch kaum, viel später drei- oder viermal getragen, weil es Ursa so gut gefiel. Was sollte sie auch ...? Für solches Hemd muß eine Frau verheiratet sein, einen Mann haben ... einen Geliebten ... Ich bin Witwe und werde es bleiben.

Sie war siebenunddreißig. Sie war nicht mit heimlichem Treueschwur an einen Toten geknüpft. Aber sie hatte nie mehr gesucht und nirgends gefunden. Es war eben keiner gekommen. Sie lebte allein.

Sie hatte sich nie beklagt, nicht unbewußt, nicht mit Willen. Sie war ihrem Kinde Mutter gewesen und hatte vielleicht darüber verlernt, einem Manne Weib zu sein. Und doch, in die photographische Werkstatt traten täglich auch Männer. Mag sein, daß keiner von allen die Tür zu diesem wie eingeschlossenen, ummauerten Antlitz entdeckte. Sie war höflich und ruhig und war stets in einem dunklen und feinen Kleide.

Frau Hoffmann hatte sie allerdings mit dem Rechtsanwalt Pommer geneckt. »Dr. jur. Fritz Pommer, Berlin W. 30, Geisbergstraße 11«; sie wunderte sich, daß sie diese Notiz nach anderthalb Jahren noch wußte. Er rückte mit einer ganzen Truppe kleiner Neffen und Nichten an, die zum Geburtstag der Großmutter sich auch im Bilde vereinen sollten. Sie trug noch das braune Sammetkleid mit dem Kragen aus vergoldetem Leder, und er meinte, nicht einmal scherzend, sie sähe »wie ein altniederländischer Meister« aus. Sie hatte die Feststellung, Schmeichelei, was es war, unberührt hingenommen, und hinterher blieb Frau Hoffmann dabei, daß der Rechtsanwalt ihre Partnerin sehr wohlgefällig betrachtet. Es war ja gleich. Es war damals schon gleich gewesen und war es noch heut. Was sollte sie mit einem Freunde? Er hätte ihr helfen können, jawohl, ihr raten und für sie handeln. Sie hätte ihn ausgesandt. Es mußte doch solche Lokale geben, in denen Burschen verkehrten wie dieses Vieh –

Ihre Augen verdunkelten sich wie von Blut. Sie glühte. Sie riß das Hemd von der Schulter, stand nackt vor den unverhangenen Scheiben. Mochten nur die im fernen Schloß Binnwald mit dem

Feldstecher schaun, wenn sie wollten. Sie schämte sich nicht. Doch plötzlich blies sie die Lampe aus, und dann war das Fenster offen.

Die Luft war mild, eine Sommernachtsluft. Und es goß. Kein Wind. Das Spinnen und Rinnen der großen Tropfen sprach gleichmäßig sanft, betäubend. Sie stützte die Arme aufs Fensterbrett, das Kinn auf die Hände und bohrte die fiebernde Stirn in Schwärze, die weich sich schmiegte wie Watte. Sekunden; dann glitt sie empor. Sie tappte zum Schrank und fühlte tastend den alten Lodenmantel heraus; sie warf ihn um und schlich aus der Wohnung und schlich aus dem Hause.

Sie schritt durch Räume in düsteren Meeren, wellend, wallend und raunend, mit fließenden Schatten großer Gewächse, die aus dem Meerboden sprossen, mit Schatten der Fische und Bäuchen von Schiffen, die hinzogen über ihr Haupt. Die Algenbärte verfilzten sich dicht um ertrunkene Planken. Ihre Sohle trat schlammigen Sand. Sie schlug den Mantel auf; er sank nieder von Schulterblättern und Brust. Wie weiß ihre nackten Brüste waren im Dunkel. Wie heiß... und wie kühlte dies Sprühn. Es träufte, küßte die Lippen... Und wenn einer käme? »Ich will dir gehören, du mußt es tun, mußt ihn finden.« Keiner kam.

Sie ging heim. Ihre Haut war kalt jetzt und feucht; sie erschauerte, hatte das Lodentuch fest um den Körper gewickelt. Das wärmte. An der Hofmauer flitzte Gemurks. Vielleicht eine Ratte. Rasch schloß sie die Haustür auf. Sie ängstigte sich vor Tieren nicht; aber ihr war, als könnte die Ratte unbemerkt an ihre Füße huschen, ihr unter den Mantel schaun. Noch als sie treppauf stieg, vermeinte sie jäh, das Krabbeln und Springen winziger Krallen zu hören.

Sie schlüpfte ins Zimmer so leise zurück, als fürchtete sie einen Schläfer zu wecken. Sie steckte die gelbe Kerze an und hob sie vom Nachttisch fort. Sie schlang den Mantel um ihre Hüften, verknotete miteinander die Ärmel; er strömte ihr schwarz und schwer und faltig über die Knöchel hinab. Und sie stand vor dem Spiegel. Und sie blickte sich an, die geraden Schultern, den kräftigen, ebenen Leib, die Brüste, die flachgerundet und groß wie kostbare Schalen waren, ohne Knick, ohne Falte, so sanft verrinnend, wieder eingingen in die Glätte. Sie reckte in Müdigkeit den Arm, umgriff und stützte den Nacken. Und legte das Haupt ein wenig zurück; ihre Augen starrten. Sie war mächtig, hoch, ein antikes Bild, dessen

Nacktheit ernst ist, bedrückend; sie war wie jene in Rom gefundene steinerne Niobe.

Aber die kannte sie nicht.

Sie wandte sich seufzend, löste den Mantel und zog ihn sich ordentlich an. Dann ging sie umher, holte Briefpapier und Tinte und Feder zusammen. Und hurtig, als wäre nun kaum mehr Zeit, und ohne wieder die Lampe zu zünden, am Tisch vor der bänglich flackernden Kerze saß sie nieder, besann sich und schrieb:

Sehr geehrter Herr Doktor,

Zwar weiß ich nicht, ob Sie sich meiner erinnern, der Photographin, die voriges Jahr Ihre kleine Gesellschaft aufnahm. Sie sagten, daß Ihnen die Bilder gefielen, und meinten ferner, wir wüßten nicht, wohin das Leben uns brächte, und wenn ich einst vielleicht einen Rat in schwieriger Lage brauchte, so wären Sie gern für mich da. So bitte ich Sie, mir in nächster Zeit ein paar Minuten zu schenken. Ich täte am Ende richtiger, mich telephonisch in Ihrem Büro zur Sprechstunde anzumelden statt Ihnen selbst erst zu schreiben; aber weil es sich nicht für mich um eine Rechtsfrage handelt und weil es heute auch weniger der Beistand eines Anwalts ist, der mir fehlt, als einfach der Trost eines Menschen . . . Sie haben vielleicht von meinem Unglück in der Zeitung gelesen oder gehört. Davon möchte ich mit Ihnen reden, wenn Ihnen mein Kommen paßt.

Ich bitte um freundlichen Bescheid und grüße mit bestem Dank und

mit dem Ausdruck größter Hochachtung
ergebenst Martha Wolg.

Sie las und krauste die Stirn. »Alle Fehler«, dachte sie nur. »So umständlich ist das und ungeschickt, so überhöflich gewunden . . . Er wird noch glauben, daß ich nichts zahlen möchte . . . Ach was.« Sie kniffte den Bogen, schob ihn ein und klebte den Umschlag zu.

3

Sie schritt eine lange und langweilige, schnurgerade Straße dahin, zwischen Häusern, die alle einander glichen: mitteljährige, reizlose Frauen, deren frische Tünche verloren war und die des Alters Ehrwürdigkeit noch nicht zu gewinnen vermochten. Bisweilen fühlte und knitterte sie den Zettel in ihrer Manteltasche, zog ihn hervor und prüfte ihn wieder, als sei dies ein Ausweis, einer Behörde vorzuliegen bestimmt. Und jedesmal, eh sie das Blättchen entfaltete, sah sie sich flüchtig um, ob hinterrücks nicht ein Neugiergesicht ihr über die Schulter spähte. Denn sie schämte sich. Es war ja Unfug, war Aberglaube; das wußte sie wohl. Wenn sie trotzdem hinging, geschah es nur, weil man die dargebotene Hand nicht achtlos fortweisen durfte, selbst wenn sie zu schwach und wenig sicher zum Halten und Lenken schien. Um Ursas willen mußte sie glauben; vielleicht würde Gott ihr verzeihn und wirklich die fremde Sterndeuterin mit heimlichen Kräften segnen. So rückte sie immer weiter vor, dem Hause 46 entgegen, mit einem innern Noch-umkehren-Wollen und leise bänglich wie einst als Kind, wenn sie zum Zahnarzt befohlen.

»Gegenüber Kaufhaus Stern.« Sie sah schon die Schilder, die Ladenfenster, das nächste von Aluminiumtöpfen und Steingutschüsseln erfüllt, das zweite von Wollsachen, Bändern und Kragen, von Mänteln und Kleidern auf Puppen. Martha überquerte den Damm, blieb vor der Modeausstellung stehen; die harten weißen Papiertellerchen mit lackschwarz gezeigten Preisen, hier am Aufschlag und am Gürtel, nahmen sich fast wie Zielscheiben in einer Schießbude aus. Sie musterte scheinbar aufmerksam die Stoffe und Zahlen, still überlegend, ob sie nicht unverrichteter Tat den Weg zurückwandern sollte. Da traf ihr Schweifen drei kleine Schlüpfer, drei winzigste Höschen aus Wolle und Seide, eins luftblau, eins rosa, eins zeisiggrün. Liebe, pumplige Dinger. Ursa hatte ein graues meist, weil das nicht so sehr schmutzte. Sie umarmte sie mit ihrem Blick, der glühte. Dann jäh, wie einer aufschrickt und rennt, Vergessenes nachzuholen, eilte sie von ihrer Schaufensterecke auf die andere Straßenseite zurück.

Ein Emailplättchen wies sie im Hauseingang hin:

Sandra Oréta
Gartenhaus 2 Tr. r.

Sie versagte sich eine gewisse spöttische Genugtuung nicht. Solche Größen wohnten im Hinterhause, jawohl. Sie war doch immer noch nicht bereit, da sie im Hof an dem vollgestopft klaffenden eisernen Kasten vorüberging, die dürre Lehre, den kahlen Verstand zu dem übrigen Müll zu schmeißen. »Ich will mich bekehren lassen«, wünschte sie sehnlich, »ich will nicht widerstehn. Ich will mich bessern. Ursa, für dich.«

Sie stieg auf abgetretnem Linoleum ins zweite Stockwerk empor. Auf der Treppe kam eine Frau ihr entgegen in zumpligem schwarzem Rock und Jackett mit zerschabter, verbeutelter Ledertasche, ein Weib, das seinem uneigenen, seinem Dutzendaussehen nach so ganz in eins dieser angejahrten, gewöhnlichen Häuser paßte. Vielleicht aber wohnte sie gar nicht hier, sondern hatte auch nur bei der Astrologin Trost oder Warnung gesucht? Als sie drunten verschwand, tat es Martha leid, sie nicht angeredet zu haben, doch wär ihr dies »Möglicherweise ...« selbst noch rechtzeitig eingefallen, wer weiß, ob sie dann gefragt. Denn sie hätte auch antworten müssen.

Rechts. Ein Messingtäfelchen: Orth-Oréta. Darunter ein Streifen Pappe, beschrieben, mit Reißnägeln angezweckt: 10–12 5–7. Sie klingelte. Eine Halbwüchsige in weißer Schürze machte ihr auf, ließ sie über den düsteren Flur ins Wartezimmer. Sie war überrascht. Alte, benutzte Möbel, gewiß, Vasen, wertlose Ölgemälde; alles aber war freundlich, schlicht, fast geschmackvoll geordnet. Ein ganz behagliches Stübchen. Herr und Dame saßen schon da, ein Ehepaar offenbar, gut gekleidet, zurückhaltend leise, nicht wie sich Martha den Kundenkreis der Seherin vorgestellt hatte. Auf dem Tisch lagen illustrierte Blätter und astrologische Schriften. Sie hätte sonst, ohne die Schriften, gemeint, im Vorzimmer eines Arztes zu sein, mit anderen Kranken ein bißchen beklommen auf den Herrn Doktor zu warten. Sie nahm ein Heft und blätterte nur, ohne ernsthaft zu lesen. Denn sie war doch gespannt auf die Wahrsagerin, die schon im nächsten Augenblick jene vor ihr Gekommenen einladen konnte. Statt dessen entstand ein Türgeklapp draußen; vom Flur sah das schlenkrichte Mädchen herein und murmelte: »Bitte.« Das Ehepaar folgte gehorsam.

Martha erhob sich sofort. Sie hatte noch vor den fremden beiden sich Zwang angetan und war zu erregt, jetzt länger auf einer Stelle zu bleiben, mit Unruhe wie geladen. So wandelte sie von der Tür zum Spiegel und zwischen den Sesseln umher, starrte am Fenster in diesen steinernen, trübselig öden Hof hinab, ohne ihn nur zu sehen. Ihr Blick fuhr unachtsam über die Bilder: ein Stilleben, Laute mit bunten Bändern, ein zinnerner Humpen dabei; Parforcejagdreiter, scharlachbefrackt, vorm Aufbruch mit eifriger Meute; eine Landschaft, Wiese mit Gänsejungen, im Hintergrunde das Dorf. Darunter die kleine Photographie eines schnauzbärtigen Mannes; er ähnelte stark jenem alten Beamten, der ihr das letzte Mal Auskunft gab. Sie wollte bald wieder zum Alexanderplatz. Obgleich sie wußte, daß man sie heimschicken würde, hoffnungslos, wie sie gekommen, mit leeren Händen als eine undankbare, lästige Bettlerin. Die Polizei hatte auch Beßres zu tun als den Mörder der kleinen Ursa zu suchen, um Wichtigeres sich zu kümmern. Um den Anschlag auf die Soundsobank, um die Perlen der Filmgöttin X. Sie verzog die Lippen wie nach einem bittern Geschmack. »Frau Hoffmann meint, ich wäre sehr ungerecht. Ach was. Sie brächten das Untier schon zur Strecke; ich hab bloß nicht Geld genug. Sie haben gleich anfangs die Sache verschleppt –«

»Bitte.« Sie schrak zusammen. Das junge Mädchen war eingetreten; sie hatte es gar nicht gehört. »Bitte.« Sie drehte sich rasch. Sie stolperte fast, ein ertappter Schüler, den Namensaufruf unsanft aus Träumen weckt. »Ich hatte mir doch genau«, fiel ihr ein, »zurechtgelegt, was ich sagen wollte; das ist mir ganz durcheinandergeraten, und ich weiß nicht mehr . . .« Das Mädchen klinkte die Tür, ließ sie ein, drückte hinter ihr zu. Sie war gefangen.

Denn dies war ihr erster seltsamer Eindruck in dem tagesfernen Gemach. Später fand sie das Fenster wohl, hinter den dunkelnden Plüschbehängen freilich verborgen. Eine Ampel aus rosabläßlichem, undurchsichtigem Glase goß zarten, fließenden Schein auf Wände, die unter den seidenen silbergesäumten Priestermänteln versanken, unter den tiefgrünen Sammetdecken, golden befranst und gestickt mit goldenen Zeichen und Sternen. Mit Teppichen war die Diele belegt, aber sparsam bestellt. Ein niedriger Bücherschrank stand im Eck, den moosweichen Vorhang halb weggezogen, bekrönt mit dem Bronzekopf bärtigen Mannes und einem von drei Schlangen getragenen kupfernen Kelch.

Und das Wesen war Sammet. Es trug eine veilchenfarbige Kutte, darüber silberne Ketten, ein bleiches Gesicht und krauses rotblondes Haar. Martha dachte einmal daran, daß diese Haare gefärbt sein möchten, um der Sterndeuterin ein absonderlich-geheimnisvolles Ansehn zu geben, ließ aber, unsicher, ihre Vermutung gleich wieder los. »Guten Tag«, sprach Sandra Oréta mit etwas erkünsteltem Wohllaut, »bitte, nehmen Sie Platz. Warum kommen Sie zu mir?«

Und Martha, die sich schon vorgenommen hatte, um die Weise nirgendwie zu bestechen, sogar ihren Namen zu verschweigen, erwiderte ungeschickt, wie ihr schien, und ohne sich noch zu setzen:

»Ich möchte nichts sagen . . . Fräulein Oréta. Ich muß das später erklären.«

Die andere nickte, wohl kaum verwundert und gar nicht gekränkt. »Ich bin Frau Sandra«, berichtigte sie, wie sie wahrscheinlich genannt sein wollte, und wiederholte ganz ruhig: »Setzen Sie sich doch, bitte.« Sie drehte die Deckenbeleuchtung aus und knipste die hochstielig schlanke Lampe auf einem vollgeladenen schwarzen, altertümlichen Schreibtisch an. Sie räumte, stöberte, reichte dann Martha ein großes vergilbtes Blatt, drauf zwölf schwarze Teller zum Ring gemalt, und jedes der Tellerchen trug ein anderes seltsam goldenes Ding. »So. Denken Sie jetzt an das, was Sie wünschen; stellen Sie zwischen dem, was Sie wünschen, und einem der Bilder eine Verbindung her, und zeigen Sie mir das Bild. Eins oder zwei, wie Sie mögen.«

Martha betrachtete das Uhrblatt, dem die Zeiger nur fehlten; sie wußte nicht, daß es der Tierkreis war. Nach einer Weile bezeichnete sie zwei kleine nackte goldene Kinder, zwei Knaben, völlig einander gleich, sich bei den Händen haltend. Sandra Oréta nickte, schwieg und schaute sie aufmerksam, zögernd an mit Augen, die, minder sanft wohl und tief, doch im Schein ihres Kleides glänzten. Wenn Martha einmal nach Mond und Tag dieser Stunde gedächte, würde ihr dünken, daß sie die Ratende scharf mit Blicken durchforscht, zu erfahren, ob sie unfruchtbar sei und hungerte nach einem Kinde. Denn: »Wie alt sind Sie?« fragte sie unvermittelt. »Darf man das wissen?«

»Siebenunddreißig.«

»Hm.« Und kopfschüttelnd nach einer Pause: »Damit kann ich bis jetzt nichts machen. Versuchen wirs noch einmal.«

Martha suchte wieder, wies hin: auf den goldenen Krieger mit Bogen und Pfeil, auf die Waage.

»Gut«, meinte Frau Sandra schließlich. Sie fiel in ein Brüten, stützte den Arm, umfaßte das Kinn und sah die Betrübte wie hypnotisierend an.

Martha störte das Schweigen:

»Ich dachte, daß Sie mir vielleicht das Horoskop stellen würden... ob ich mit meinen Plänen Erfolg hätte oder nicht...«

»Horoskop stellen« war das Einzige, was sie von Sterndeuterkünsten wußte; freilich hatte sie keine Ahnung, wie es geschah. Die Rothaarige schien unklar zu lächeln.

»Nein«, unterbrach sie sich jäh, fast erbittert, »Frau Sandra, Sie wissens jetzt doch. Sagen Sie mir, was Sie wissen. Ich möchte glauben...«

Die Wahrsagerin überlegte. »Ich weiß nicht viel. Es hat Ihnen jemand unrecht getan, Ihnen in Ihrem Kinde – ein Mann vermutlich – und Sie wollen sich – Sie wollen Vergeltung haben.«

Als Martha später den Vorgang prüfte, schien es ihr nicht mehr so wundersam, daß die Seherin alles erraten; sie hatte dergleichen wohl oft geübt und konnte mit einigem guten Geschick aus Zwillingen, Schützen und Waage sich ihr Verschen zusammenreimen. Im Augenblick aber wurde sie von der überraschenden Richtigkeit dieser Lösung betroffen. »Ja«, hauchte sie. Und fester: »Ich will Ihnen auch meinen Namen sagen... er stand in der Zeitung... Sie haben davon wohl gehört... Ich bin die Mutter des kleinen Mädchens... Frau Wolg.«

Frau Sandra neigte die Stirn. »Ich weiß... Nun werde ich Ihnen das Horoskop stellen, wie Sie es nennen«, erklärte sie freundlich, murmelte etwas von »Nativität« und fragte, wann Martha geboren.

Sie war unzufrieden. »Also, wir hätten Tag und Jahr, aber die Stunde nicht? Das ist ungeschickt. Da kann ich sehr wenig machen.«

Martha besann sich. »So um Mittag herum. – Ja, gegen Mittag war es.«

Frau Sandra schien kaum mehr hinzuhören. Sie blätterte in ein paar dicken Bänden, hielt inne, krauste verdrossen die Stirn und redete halblaut vor sich nieder, Worte, die Martha nicht begriff, wohl auch nicht begreifen sollte. »Im vierten Hause gebietet der Mond ... die Aspekte ... Albertus legt es zwar günstig aus, aber ...« Sie zuckte verächtlich die Achseln. »Hm.« Sie schob eine weiße Papptafel her, drauf Scheiben und Reifen, gleichfalls aus Pappe, mit Zahlen, Zeichen und Strichen bedeckt, drehbar befestigt waren. Das Ganze sah wie ein geometrisches Hilfsmittel aus; von Geometrie hatte Martha stets nur herzlich wenig verstanden. Und die Kundige ließ sich auch nicht herbei, ihr ausführlich das schnurrige Ding zu erklären, sondern zog mit dem Finger darüber hin:

»Hier ist der Mond ... hier die Sonne ... das ist Saturn. Sehen Sie den Winkel, der da entsteht? Der müßte weg; aber das läßt sich nicht ändern. Die Aspekte sind feindlich ... Ich kann Ihnen wenig Glück für die Zukunft versprechen.«

»Ja«, sagte Martha trocken. Ihre Stimme war fahl wie ihr Antlitz. Nur in den Augen hockte und fraß ein unheimlich schwarzes Feuer. Die Astrologin schaute sie an, starrte nieder, stirnrunzelnd grübelnd. Dann rückte sie an einem zierlichen eisernen Tintenfaß, einer Teufelsfratze auf Hundepranken; in den Schlitzöhrchen steckten rote Filzzipfel, Tintenwischer, auf den Hörnern ruhte die Feder. Es schien neu und eine Geschmacklosigkeit.

Nach einer Weile:

»Es kommt Ihnen doch wohl nur darauf an, ein bestimmtes Ziel zu erreichen?«

»Ja.«

»Und es ist ganz gleich, ob es ein andrer erreicht – für Sie. Folglich müßten Sie nur einen Menschen finden, dem die Gestirne freundlicher sind und der Ihren Plan sich zu eigen machte, nicht wahr? Sie brauchen noch nicht zu verzweifeln.«

Sie stockte, wohl auf Zustimmung wartend, doch Martha schwieg.

»So, das ist, was Sie wissen wollen. Übrigens kann eine Frau Ihnen Werkzeug sein oder ein Mann. Das geben die Umstände schon. Ein Mann ist vielleicht noch besser.«

Martha erhob sich. »Ja, das ist alles«, sagte sie still, »ich danke Ihnen.« Sie zog das Geldtäschchen aus dem Mantel und hielt es unsicher hin.

»Fünf Mark«, nickte Sandra Oréta. »Ich habe Ihnen ja leider nicht viel Gutes verkünden dürfen.« Als hätte günstige Konstellation auch höheren Lohn verlangt.

Martha zahlte. Frau Sandra nahm einen Augenblick ihre Hand, strich achtsam über die Finger. Sie lächelte.

»Sie sind von Beruf –?«

»Photographin.«

»Ja. Aber das ist keine Künstlerhand. Eher die Hand eines Denkenden, eines Sinnierers.«

Martha ging. An der Wohnungstür stieß sie fast mit einem jungen Mädchen zusammen, das sich eben anschickte zu klingeln. Es sah blaßgehärmt, elend aus, war unfein und billig gekleidet.

Es wurde ihr unbequem, immer noch an dies Hündchen denken zu müssen, das ihr morgens nachgetrappt war. Ein ganz junges Tierchen, gelbbraun und schwarz, von unbestimmbarer Rasse, schiefohrig, krummbeinig, ringelschwänzig, aber mit hübschen Augen. Es schnupperte in einem Abfallhaufen und hoppelte her, als sie stehngeblieben, und wedelte zu ihr auf. Es zitterte um ihre Schuhe, sprang hoch und ließ ein paar sandige Pfotenstempel auf ihrem Kleide zurück. Und als sie sich wendete, rannte es nach, mit schwappenden Ohren, voll Vertrauen immer hinter ihr drein. Sie drehte vergebens sich um: »Ich hab nichts für dich. Geh nach Hause.« Es ließ nicht ab. Von der Haltestelle kam mit seinem Rucksack ein Arbeiter her, der die Finger schnippte, es lockte. Es trottete gleich erfreut ihm entgegen und hopste ihn bittend an. Und während er hingebückt mit ihm redete, bimmelte schon die Straßenbahn und Martha ward fortgetragen.

Nun war ihr Arbeitstag fast herum, und sie hatte den Hund nicht vergessen. Sie war nicht wehleidig. Es mochte schon sein, daß dies kleine Geschöpf in eine der nächsten Lauben gehörte und nach einer kurzen verbotenen Streife gemächlich heimgekehrt war. Daß sein Besitzer es bald vermißte, es rief und suchte und fand. Aber sie wurde den Einfall nicht los, daß es irgendwem irgendwo abhanden gekommen, vielleicht gestern abend schon, sich nachtüber in einem Schlupf verkrochen und nun in den Morgen zwar guten Mutes, doch hungrig und schutzlos lief. Ob der Mann dort es mitgenommen? Sie dachte an Ursa, die abends auch so froh, so lebendig gewesen und dann gleich arglos, gleich unbehütet mit dem Fremden mitgetrappt war ...

Ursa ...

Sie nahm einen tiefen, kräftigen Schluck, als ob sie Scharfes, das brannte und biß, die Kehle hinabspülen müßte. Und deckte mit einem Kuchenteller die zweite noch dampfende Tasse zu, die mählich erkalten wollte. Denn Frau Hoffmann erwiderte nebenan dem Kunden, der eben gekommen war, die gemütliche Kaffeepause zu stören: eine fremde Stimme; sie kannte ihn nicht. Das währte kurz: sollte sie hingehn? Sie horchte und hörte deutlich den

Namen »Wolg«, noch einmal; sie stutzte. Man wünschte sie wohl. Sie rührte ein wenig in ihrer Tasse, trank aus, trat ins Atelier.

Der Fremde, mit ihrer Partnerin redend, kehrte sein Antlitz zur Tür. Bei ihrem Eintritt blickte er auf, tat einen Schritt ihr entgegen. Fragend: »Gnädige Frau?« Mit einer Verbeugung: »Renkens.«

»Ach ...« Martha hob freundlich-erstaunt die Hand, »das ist eine Überraschung.«

»Sie kennen mich, gnädige Frau? Von Ihnen hat mir Ihr Gatte erzählt; aber von mir –«

»Hat er viel geschrieben und später dauernd gesprochen. Albert Renkens, nicht wahr?«

»Sogar meinen Vornamen wissen Sie.«

Sie lächelte: »Ich weiß mehr. – Bitte.«

Sie rückte die Stühle. Er beteuerte, gleich wieder fort zu müssen, nahm trotzdem Platz. Sie setzte sich in einen Schnitzwerksessel, indes Frau Hoffmann leise verschwand, gekühlten Kaffee zu trinken.

Martha betrachtete ihren Gast, während er von dem verstorbenen Freunde, von Amerikafahrt und gemeinsamem Leben erzählte. Ich hab ihn mir anders gedacht. Den neuerstandenen Diplomingenieur, der eines Tags Friedrich Wolg in Plymouth, Massachusetts, begegnet und sich wie ein herrenloses Hündchen fast leidenschaftlich an ihn gedrängt, den hatte sie doch viel knabenhafter, als netten Burschen sich vorgestellt, minder ausgeprägt, scharf umrissen. Die Jahre wirkten. Er mochte da knapp Mitte zwanzig zählen und war über dreißig heut. Und immer hatte sie diesen Gefährten als jüngeres, etwas verwischtes Abbild ihres Mannes sich hingemalt, und wenn blonde Scheitel und blaue Augen, längliche, bartlose Gesichter mit gerader Nase schon Ähnlichkeit sind, so war Albert Renkens von Friedrich Wolg freilich nicht sehr verschieden. Doch Friedrich hatte dies feste Kinn, diesen schmalen Mund nicht gehabt, die gerötete Haut, noch den fernen Blick, diesen Meerblick, Seemannsblick in den Augen. Die Augen waren das Sonderbare an diesem Menschen ...

».... Ohne den Regen hätt ich mich gar nicht in Ihren Hausflur gedrückt, und wenn man so wartet, sieht man sich unwillkürlich die

Aufnahmen an, die da hängen. Gott, dachte ich, Martha Wolg ... Martha Wolg ... das ist doch ... .«

Und heut war er die Treppen emporgeklettert, von der älteren Dame zu erfahren, daß er sich nicht geirrt, daß diese Martha Wolg auch die rechte, die Frau seines Freundes sei. Aber der Freund war tot, und die Witwe lebte nun wohl mit dem kleinen Kind – er wußte, daß Friedrich ein Töchterchen hatte ...

Er stockte verwirrt. Denn Frau Hoffmann, die still wieder eingetreten, bekam ein paar Unwillensfalten quer in der Stirn und machte ihm hinter Marthas Rücken heftige Zeichen.

Als hätte sie Wink und Warnung empfunden, drehte Martha sich nach ihr um. »Nein«, sagte sie in einem Tone, der, unheimlich gleichgültig, aus anderem Wesen zu kommen schien, »was ist denn dabei. Herr Renkens war in Amerika und kann das nicht wissen. Man muß es ihm eben erzählen ...« Frau Hoffmann trat rasch auf sie zu, nahm die Hand in ihre beiden Hände. Leise:

»Erzählen – aber nicht Sie. Es macht Sie krank; für Sie ist das Hölle, Sie bohren sich immer so ein. Ich weiß ja, wie schwer das Vergessen ist ...«

Martha sah in den Schoß. »Ich kann nicht vergessen«, wisperte sie und plötzlich, den Kopf emporwerfend, wild mit bebender Stimme: »Ich will nicht vergessen!« Und mit einer knappen Armbewegung, als ob sie die Freundin, die Störerin, zwischen dem Gast und sich wegschieben wollte, beugte sie sich hinüber:

»Herr Renkens, verzeihn Sie das Wortgeplänkel ... Sie werden verstehn ... Es ist richtig: ich hatte ein Kind. Ein – ein Unhold hat es ermordet.«

Albert Renkens starrte sie an. Er war zu überrascht, zu bestürzt, die üblichen Teilnahmssilben zu murmeln, und nicht ergriffen genug, der Armen aus einem jähen Mitleid heraus ein linderndes Wort zu schenken. Er senkte die Stirn und tat einen tiefen, hörbaren Atemzug, das war alles. Martha nickte ihm zu. »Ich danke Ihnen.« Er blickte verwundert auf. »Die Menschen wollen mich immer trösten; Sie trösten mich nicht. Das ... das ist gut.«

»Die Menschen möchten Ihnen gern helfen«, meinte Frau Hoffmann mit sanftem Tadel, »und wenn Sie die Hilfe nur annehmen wollten, würden Sie vielleicht weniger elend, mindestens ruhiger sein.«

»Ich brauch diese Hilfe nicht.« Ihre Augen brannten. »Wer mir beistehn will, soll den Mörder suchen ... ihn vor seinen Richter bringen ...« Sie flüsterte leidenschaftlich, versonnen, als wäre sie ganz allein: »Wenn einer käme, ein Beil in der Hand, mit blutigen Kleidern und sagte: Sieh her! und ich müßte glauben, ich müßte ihm glauben, daß er ihn wirklich erschlug: dann ... dann ... würde ich alles tun ... ich würde ihm bestimmt nichts verweigern, was er zum Lohn von mir wollte. Nichts!«

Mit flackernden Sternen.

Die alte Freundin schüttelte trübe, mißbilligend das Haupt. Sie schaute in des Mannes Gesicht; es dünkte sie einen Schein röter. Die Wimpern zuckten, als ob das Geständnis ihn befremdet, peinlich berührt. Er stand auch auf, sich entschuldigend mit verbindlichen Worten: »Es tut mir leid ... eine Besprechung ...« Martha entließ ihn kühl, wie ernüchtert, höflich, schon fern. »Es war sehr freundlich von Ihnen.« Aber als er gegangen war, sah sie im Vorraum auf einem Tischchen seine Besuchskarte liegen und steckte sie ein.

Eine Stunde später wanderte Martha den Kurfürstendamm hinab, dessen Belebtheit vorm steigenden Dunkel verwischter, gleichsam gedämpft erschien. Die Fahrzeuge rollten in weicherem Grau statt auf dem harten und weißen Licht der höheren Sonne; ihr Hupen und Rattern würde doch bald von einer schwarzen, sternkalten Nacht wieder schärfer springen. Martha wußte das kaum. Sie merkte weder die klingelnden Bahnen noch die knatternden Motorräder, die kurzatmig schweren Autobusse noch leisere, vornehm langgestreckte Privatkraftwagen und erst gar nicht den Strom vielfältiger Menschen, der sie hintrug und trieb. Sie war sich selbst doch kein Tropfen der Welle, eine Jägerin war sie auf heimlicher Pirsch, bedacht, das Wild, ihre arglose Beute, nicht aus dem Blick zu verlieren. So starrte sie auf einen schlanken Mantel, dunkelblau feines Tuch, auf Beine in schwarzen Strümpfen und Schuhen und auf einen dunklen breitrandigen Filzhut über blauschwarz krausem Gelock. Sie hatte dies Haar und das zarte Antlitz vorhin erschaut, als das junge Mädchen, schräg aus der Grolmanstraße kommend, den Kurfürstendamm betrat.

Und wie alt war denn das runde Gesichtchen, dies Rosa und Weiß mit dem starken Mund, dem Näschen, mit großen Nächten, den

Augen, und dem unbestimmt slawischen Zug? Fünfzehn? Siebzehn? Und es erinnerte Martha: an wen? Sie schritt überlegend schon hinter ihm drein und suchte und fand eine Ähnlichkeit mit ihrer Schwester Regina. Regina war acht Jahr älter als sie und mit sechzehn gestorben. Ihr Bild hing in Marthas Gedächtnis bloß, von Staub und Spinneweb übermalt; die Erscheinung dieser sehr jungen Fremden schuf es jäh wieder deutlich und blank. Und Martha erkannte etwas verwundert, daß Ursa der Schwester in vielem glich, daß folglich die zierliche Unbekannte auch an Ursa gemahnte. Freilich, das Haar ihres Kindes war schlicht, Schwarzbraun, nicht so bläulicher Schimmer, die Haut war düsterer, schmäler die Lippe; es fehlte der slawische Ton. Wie glich es ihr dann? Es glich ihr doch sehr. In dem Rund des Kinns, dem Schwellen der Wange, einem unbeschreiblichen Zug um den Mund und dem Strahl und Ausdruck der Augen. Es war da ein Ernst, ein Besinnliches, da war etwas Starkes, Weibhaftes schon in der kindlichen Schwäche, fern hinter dem Blick eine stille Macht, die abgründig dunkle Tiefe. Bei Ursa und diesem Mädchen. Ursa war sechzehn, siebzehn Jahre, und ihre Mutter eilte ihr nach; sie wendete nicht den Kopf.

Das schmale Hälschen. Es ging zwischen niedrigen Gitterstreifen auf einen Putzladen zu, hielt und drehte sich flink vor dem Spiegel und sah sich das Schaufenster an. Martha pirschte sich her. Sie musterte scheu das hübsche Profil und wählte schon in der nächsten Minute einen Hut für die Tochter aus. Den kostbarsten, schönsten, den großen dort hinten aus karamelbraunem Sammet. Der müßte Ursa gefallen. Dies Mäntelchen paßte freilich nicht; man würde ein neues kaufen. Die lustig altfränkischen Kutscherkragen waren jetzt wieder beliebt . . . Sie kehrte so sinnend, suchend und probend in die Straße zurück, das Geschwirr.

Zwei junge Laffen kamen entgegen; Martha nannte sie so. Sie ließen mit unverschämtem Begucken das schlanke Mädchen vorbei, sie schauten, die Frechen, ihr noch auf den Rücken, und einer warf halblaut hinter ihr her: »Niedlich!« Martha juckte die Hand. Sie hätte den Burschen ohrfeigen mögen. Sie war doch die Mutter. Sie mußte tatsächlich an sich halten, ihn nicht zur Rede zu stellen, eines Ausspruchs wegen, der unfein am Ende, doch kaum beleidigend war. Ihr Schützling beschleunigte jetzt den Schritt; sie blitzte die Lümmel bloß wütend an, mußte vorwärts, sich sputen. Und lief schon über die Tauentzienstraße in die Budapester hinein.

Kein Menschenstrom, schlagendes Fluten mehr; hier spielte nur noch ein friedliches kleines Gerinnsel. Ein Bettler hockte an düsterer Mauer, den umwickelten Beinstrumpf aufs Pflaster gestreckt, sein zitterig winselndes Drehörglein zwischen den Fingern. Er legte die Hand an die Mütze: ». . . liebe Dame!« Das Mädchen stutzte, suchte im Säckel und neigte sich flüchtig hin. Er nuddelte weiter; als Martha kam, die Linke am Mützenschirm: ». . . liebe Dame!« Martha fand auch einen Groschen. Sie wußte selbst nicht, ob sie ihn gab, weil das Mädchen einen gegeben. Es stand auf der Bordschwelle, wartete jetzt, bis das gelbe Licht die Autos verhielt und das grüne sie stoppte. Dann eilten sie gleichzeitig über den Damm vor das Haupttor des Zoologischen Gartens.

Zwischen den beiden Steinelefanten löste vom roten hölzernen Gitter ein Herr sich los. Er war knapp mittelgroß, breit, untersetzt, mit dem bartlos energischen Gesicht eines amerikanischen Juden. Er war gut, nicht geckenhaft angezogen und schien weit mehr als doppelt so alt wie dies blumenhafte, sehr junge Geschöpf, das er fast ehrerbietig begrüßte. Doch seine Art, da er auf die kleine behandschuhte Rechte sich bog und über dem perlgrauen Lederstreif das weiße Handgelenk küßte, weckte in Martha die dünnen Flammen Eifersucht und Verdacht. Wer war dieser Mensch, was war er dem Mädchen? Ein Freund nur – der Bräutigam? Der Geliebte?

Der Geliebte? Die beiden redeten in einem Land, das Martha niemals betreten. Wie Steinchen zerstörten Mosaiks bewahrte sie aus ihrer Kinderzeit drei abgestoßene polnische Brocken, genug, um ungefähr zu vermeinen, daß dies eine slawische Sprache sei, zu wenig, um dieser Sprache Namen, den Sinn eines Wortes zu finden. Ihr Ohr aber war von quälender Neugier weit aufgesperrt, und fremde Laute springen ja immer zwischen den heimischen gleichsam hervor. Das Mädchen hatte solch eine dunkel klingende Stimme. Melody.

Sie waren im Zoologischen Garten, und Martha ging ihnen nach, obwohl die Kartenverkäuferin sie freundlich darauf aufmerksam machte, daß bald wieder Torschluß sei. Sie folgte doch eifersüchtig, vernunftlos wie eben ein heißer Jäger dem Wild, ein Krieger dem glühend gehaßten Feinde, wie die kranke Betrogne dem untreuen

Freund und seiner frischern Geliebten. Nun wandte das Mädchen sich, streckte die Rechte und zeigte, Martha wußte nicht was, mag sein, die verwehten Blätter. Denn die Bäume standen schon trauriger, ärmer, mit dürftigerem, müderm Gesang, und sie deckten den Boden wie so viele tote Vögel. Der Raubtierkäfig stand auch schon leer; die großen Katzen waren zur Nacht ins Haus, in den Stall gegangen. Und drüben die putzigen Stachelschweine wollten auch schlafen gehn: zwei drängelten sich gemeinsam zur Tür, und eins stieß mit seinen sträubigen Borsten das andre zurück; dann schienen sie dumm sich anzuglotzen, begriffen schwer, daß sie beide zugleich nicht durch die Klappe einfahren konnten, und versuchten die Sache aufs neu. Ein kleiner Bursche ans Gitter gequetscht, jauchzte jedesmal hellauf vor Vergnügen über den Unverstand:

»Jetzt wieder, sieh mal, jetzt wieder! Und jetzt kommt noch eins! Hu, alle drei über'nander! Hach, sind die ulkig!«

Martha drehte sich, halb erschrocken, als hätte sie über dem Kinderjubel eine Pflicht, ein Sollen versäumt. Wo waren sie? Da vorne schlenderten sie, standen still, vielleicht nur, weil sie über dem Plaudern das Weiterwandern vergaßen, vielleicht auch im Anschaun des fernen Gebildes aus Baum und Gesträuch, dessen Laubgeriesel in bläulicher Fahle verschwamm wie ein schwebender Brunnen goldbronzener Gewässer. Und Martha eilte fast auffällig nach, hielt sich doch kurz vor ihnen noch fest unterhalb der steinernen Blöcke des kahlen Ziegengebirgs mit Stufen, Klippen und Klüften. Ihr nahe aus überdachter Raufe fraß der bräunliche Bock das Heu. Der Tahr. Ein starkes, schönes, männliches Tier mit edlem, großgewundnem Gehörn und irgendwie sanft, trotz der Wehrhaftigkeit, mit der weichen, schmeichelnden Mähne. Mit den glänzenden stillen Augen ... Es war gut, daß es solche Tiere noch gab, so klar und so eins, zwischen den zwiespältigen, unklaren, lärmenden Menschen.

»Tahr.«

Sie sagte die Silbe halblaut hin und zuckte. Denn das Paar kehrte unversehens zurück und streifte an ihr vorbei. Sie schienen so ganz voneinander eingenommen, die zwei, so einander zum Schutz, daß jener argwohngeschärfte Blick wirkungslos von ihnen stürzte. Sie ließ ihnen einen kleinen Vorsprung und pilgerte wieder hinterdrein zu den Vogelteichen der schwarzen Schwäne, Brautenten, Pelikane.

Wo märchenhaft über schwärzlichem Wasser der rosa Flamingo stand, auf glasgesponnenem Fadenbein, mit dem Schnörkelhals wie der närrischen Laune eines Kunsthandwerkers entschlüpft. Das Mädchen mochte ihn ähnlich finden; denn es nickte, hob lächelnd die Hand. Und der Mann, der neben ihm stand und schaute, trat mit knappem Schritt vor es hin. Martha hörte ihn leiser reden; sie verstand noch immer nicht, was er schwatzte, konnte nicht sein Gesicht und den Ausdruck sehn, denn er wendete ihr den Rücken; aber in diesem hastigen Dicht-vor-das-Mädchen-Treten war irgend etwas wie Zeichen, wie Flüsterwort, eine geheimste Bedeutung... Sie dachte: »Er ist gewiß ihr Freund... ihr Geliebter –«

Ursa. O Gott, wenn sie wüßte, daß Ursa auch mit soviel älterem Manne... Sie hätte nicht hingereicht mehr. Ihr wäre die Tochter so entwachsen wie dem Gärtner der junge Baum, zu dem er anfangs sich niederbückt, der die Zweige einst über ihn breitet. Ursa mit grünen Zweigen. Hätte sie Schirm und Schatten der Mutter gespendet und Dank? Sie war solch ein ernsthaft besinnliches kleines Wesen, sie würde wohl eine leidenschaftliche Frau. Sie ist *mein* Kind. Und zwingt der Mann sie in seine Arme, sie dieser Mann in das Bett seiner Dirnen... mit siebzehn Jahren... so jung... Und sie würde doch das Haar eines Tags an der Mutter Wange schmiegen und weinen...

Sie neigte das Haupt. Sie griff an die Stirn und stöhnte. O nein. Nein. Sie wär eine glückliche Mutter gewesen und hätte es nicht gewußt. Ein glückliches Mädchen wär Ursa gewesen und hätte es wohl gewußt. Es reifte der Liebe zu, hätte geliebt; wo war Frevel? Ein warmes Herz und die Sinne, ihr schimmernder Leib: der Erdbeermund und die festen, runden, weiblichen Brüste und der Schoß, der noch wie eine unentfaltet träumende Mohnblume hing. Und als der Mann sie berührte, erschloß, da war das recht und war Freude...

Ja, das war gut... war gut... dies Hingeben, dieses Lächeln... eine Jungfrau ward Weib – stattdessen kam dieses Grauenhafte... Zerreißen... erschlagen noch lebendes Kind... Gott! Sie grub das Gesicht in die Hände. Tränenlos. Sie deckte die Augen nur zu. Fort. Sie wollte nichts sehn. Aber das Schrein... das Schreien...

Die Arme sanken ihr schnell. Sie verlor sich doch ganz. Wo war sie? im Zoologischen Garten; sie starrte furchtsam umher. Dort gingen Leute und dort und dort, und gleich würde einer teilnehmend fragen, was ihr geschehen sei. Dahinten spazierte auch schon ihr Pärchen an der leeren Musiklaube hin. Sie aber kehrte entschlossen um, mißachtend plötzlich, verwerfend, was sie zuvor gesucht. Schrittelang holte sie ziellos aus, als gälte es nur von jenen beiden möglichst weit wegzugehn; dann hielt sie inne, besann sich und wußte, wohin. Zu den großen Vögeln mit scharfen Fängen, die der Mensch, wenn sie Lebendes schlagen, Räuber, und nehmen sie Totes, unedel schilt. Den Kondor wollte sie grüßen. Denn sie liebte den wunderbaren Vogel, der von allen in höchste Einsamkeit dringt, in eisesklare, schweigendste Luft, den Vogel der Sonnenmeere. Der eine Schwingspitze nach Ecuador, die andre gen Feuerland stößt, in dessen Krallen Chile zerbröckelt, dem immer noch Schnee der Kordilleren auf schwarzem Gefieder taut. Er war gefangen hier, arm und fremd, und hockte, im kleinen, rötlichen Blick die frostige Trübseligkeit des Verbannten. Des Welkenden. Sie fand ihn nicht mehr. Er kauerte wohl in der Felsenhöhle, reglos im Finstern; er schlief. Und als sie schwermütig wendete, kam schon der Wärter entgegen; der harrte, bis sie gegangen war, an den Mönchs- und Weißkopfgeiern vorbei, die steile Zacken bekrönten, und sie hörte ein Gittertor hinter sich rasseln und sich verschließen.

5

Novemberäste der Ulmen flehten am Fenster empor wie fleischlos dürre, nackte Arme von Bettlern; schwarzfaulige Laubfetzen klebten noch im Gelenk. Martha schaute sie fröstelnd. Sie stand vor dem Ofen, jetzt noch in Jacke und Hut; sie hatte nur ihre allzu dünnen schwarzen Handschuhe abgestreift und hielt verklammte Finger gegen die Kacheln. Sie schienen nicht überwarm. Frau Beucker mochte eben erst eingeheizt haben. Und sie war so durchblasen, gegeißelt vom Winde, der die Haut wie mit Stahlruten peitschte und schnitt, alle Kleider verlachend. Es war auch im Tempel kühl gewesen, kühl und recht leer. Die wenigen Weiblein auf kahlen Bänken vereinsamt im Halbkreis droben, ein paar alte Männer drunten. Und der Prediger sprach noch deutsch; war es deshalb, daß sie ihn schlecht verstand und kaum folgen mochte? Ihr bißchen Hebräisch war längst doch verschüttet, Glasperlen in einem löchrigen Säckchen, das sie als Kind besaß. Aber dies Reden auch floß ihr fort, unhaltsam, schläfernd wie Körnergerinnsel, entschlüpfte zwischen den Fingern. Sie ertappte beschämt sich selbst dabei, wie sie im wenig geschmückten Raume ein Schnörkelstück, einen Zierat suchte, ihren Blick darauf hinzuhängen. Sie verließ das Gotteshaus mit dem Empfinden: Unschwer erfüllte Pflicht.

Hatte sie, da sie eintrat, dies Ziel nur, die Absicht gehabt? Seit Ursas Tode war sie nun schon mehrmals im Tempel gewesen, stets unklar hoffend, der Klage Trost, ihren Fragen Antwort zu finden, und schied doch immer etwas enttäuscht, nüchtern, mit leeren Händen. Sie schwor sich: »Es ist nichts. Es gibt mir nichts. Ich geh nicht mehr hin«, und kam dann wieder, unwillig fast, wie unter gewissem Zwange, wie einer den Freund seiner Jugend besucht, den ihm Jahre zuinnerst entfremdet. Er müht sich vergebens, die Züge zu schaun, die er einst an ihm liebte, das Band zu erkennen, das sie geeint; er findet nichts, es ist alles fort, und dennoch, in alter Anhänglichkeit und gehemmt von Erinnerungen, gewinnt er den Mut, die Härte nicht, des andern Tür hinter sich zuzutun und niemals wiederzukehren. So war das.

Martha reckte sich, legte seufzend Hut und Jacke aufs Bett. Dann saß sie, das Antlitz vom Feuer scheinend, zum Ofen niedergebeugt und schürte mit eisernem Haken die Glut. Die Kohle war noch nicht durchgebrannt; die Flämmchen leckten, züngelten durchsichtig blau und rot, zischten, lachten mit Schlangenhälsen und -köpfen. Ottern in eng ummauerter Grube, darein der Mensch sie verwarf, ineinander sich windend, die Leiber paarend, flimmerten lüstern nach Luke und Spalt, um schlüpfrig hinauszukriechen. Sie bissen in die eherne Spitze voll tanzender Wut.

Martha sah auf. Das tat ein Geräusch, ein Knispelgeräusch am Fenster. Ein Falter zitterte vor der Scheibe; er schien ganz schwarz, solang er sich flatternd bewegte. Nun aber bebte er still am Rahmen, groß, mit gebreiteten Schwingen. Bunt: ein Tagpfauenauge; es schaute sie an. Mit dem fuchsbraunen Schmelz, zart schwefligen Ringen, mit amethystschimmerndem Blick. Von tiefem Atem, Trinken der Luft raunte das rhythmisch leise Sichheben und Wiedersinken der Flügel. Ein Wunder. Hier, ihre ältliche Stube hatte es hergezaubert; schön war es und flüchtig und freute. Hieß es Glück? Woher sollte Glück zu ihr kommen – welch Glück?

In einem plötzlichen Einfall ging sie zur Flurtür und schloß den Briefkasten auf. Sie hatte es nie mit dem Nachgucken eilig; meist fand sie doch nichts. Und wenn, dann war es ein Werbezettel oder wie gestern ein Steuerbescheid, Zweckloses, Unangenehmes. Da steckte schon wieder solch unnützer Wisch, Geschäftspapier mit dem Firmenaufdruck; sie zog verächtlich den Mund. Sie nahm es, knitterte es, sie trug es ins Helle und starrte:

Justizrat Julius Spiegel
Rechtsanwalt und Notar
Dr. jur. Fritz Pommer
Rechtsanwalt

unten links in der Ecke. Jetzt Antwort nach soviel Wochen. Sie drehte den Umschlag in der Hand, ohne ihn gleich zu öffnen, als glaubte sie ihm noch nicht. Dann, mit einer starken Haarnadel, riß sie ihn auf.

Es war nicht viel. Höflich-unpersönliche Zeilen, mit der Maschine getippt. Zunächst eine kurze Entschuldigung verspäteter Nachricht wegen; den Rechtsanwalt hätte sein Beruf so lange in

Süddeutschland festgehalten, dann die Bitte, ihn Mittwoch nachmittag in seinem Büro zu besuchen. »Ihr ergebenster« – rasches Gekritzel – »Fritz Pommer«. Das sah unachtsam eilig aus.

Martha legte etwas enttäuscht das Blatt in den Schub. Sie hatte wohl minder geschäftliche Knappheit, etwas Freundlicheres, mehr Eingehen auf ihre Klage und Hoffnung erwartet. Schließlich, was wollte sie nur? Was sollte er ihr erst noch lang und breit erbauliche Dinge schreiben? Er würde sie in der Gertraudtenstraße doch sehen und mit ihr reden.

Der Rechtsanwalt war an das Telephon, als sie eintrat, gebunden. Er nickte, die Muschel am Ohr, ihr zu, verneigte sich sitzend und wies mit verbindlicher Gebärde auf den schweren ledernen Sessel. »Si duo faciunt idem . . . Nein. Ich kann nicht später verhandeln. Ich muß um halb zwölf schon wieder beim Amtsgericht Schöneberg sein . . . Fünfhundertfünfzig . . . Ausgeschlossen, geht nicht . . . Also, ich werde schon dafür sorgen . . . Gut.« Er legte den Hörer hin, erhob sich, bot Martha die Hand. »Das ist mal nicht anders«, meinte er lächelnd, »und gerade heute geht das Geklingel ununterbrochen den ganzen Tag, und ich muß immer selbst an die Strippe. Lästig, aber nichts zu machen. – Nun?«

»Herr Doktor«, erklärte Martha leise, »ich hatte Ihnen wohl schon geschrieben, weswegen ich – bei Ihnen bin. Es ist . . . Sie wissen von meinem Unglück.«

Der Rechtsanwalt schien ein wenig verlegen, eben ein wenig nur. »Gnädige Frau«, bemerkte er zögernd, »ich muß allerdings gestehn, da wir wohl gemeinsame Bekannte nicht haben . . . es tut mir leid . . . bitte, wollen Sie mir sagen, um was es sich handelt?«

Martha war stärker betroffen. Sie hatte, sicherlich ohne Grund, vorausgesetzt, daß er im Tagesblatt die kurze Meldung unter »Vermischtes« gelesen und nicht vergessen mehr, und fühlte, sie erkannte es kaum, daß etwas Sanfteres, Warmes in ihr sich wie unter einem dünnen Wehen kühlte und härtete. Mit sparsamen Worten gab sie Bescheid, und er fand auch ein paar bedauernde Redensarten.

Nach geziemender Pause:

»Gut. Sie wollen es also, auch wenn Sie glauben, daß die Polizei ihrer Pflicht genügt, noch mit einem Detektiv versuchen?«

Martha nickte. Sie hatte wohl insgeheim andres beschlossen; das wußte sie schon nicht mehr.

»Gnädige Frau ... ich möchte Ihnen doch kaum dazu raten. Es kommt dabei nichts heraus. Die Ausbeute solcher Ermittlungen steht meist in keinem Verhältnis zu den aufgewendeten Kosten. Wenn es um eine fortgesetzte, sich wiederholende Handlung geht wie Ehebruch oder Kuppelei, die festgestellt und bezeugt werden müßte, aber hier ... Sie werden ein schönes Stück Geld verpulvern, und was kriegen Sie schließlich dafür? Nichts: ein paar leere Verdächtigungen – nicht gehaun, nicht gestochen – mit denen man einheizen kann.«

»Ich sehe sonst keinen Weg«, sagte Martha, sich verteidigend gleichsam, fast bitter.

Der Rechtsanwalt überlegte. »Wenn Sie durchaus drauf bestehn ... Ich kann Ihnen eine Adresse geben ... ein früherer Kriminalkommissar ... er ist ganz gut, er ist jedenfalls besser und demgemäß auch nicht billig ... wenn man sich aber mit solchen Leuten überhaupt einlassen will ...« Er suchte auf seinem bepackten Schreibtisch, bekritzelte einen Notizblock, riß ab und reichte Martha den Zettel. »Übrigens kann ich mich mit dem Mann ja auch in Verbindung setzen, wenn Ihnen das lieber ist. Aber vielleicht lassen Sie sichs noch mal durch den Kopf gehn –«

»Dank«, schnitt Martha ab, wiederholte: »Herr Doktor, ich dank Ihnen sehr.« Sie wollte aufstehn, zur Tür sich wenden, doch solche gramvolle Mattigkeit, solch eine Entmutigung zog bleischwer an ihren Gliedern. Sie hob nur den Arm von der Seitenlehne, ließ ihn fallen und rührte sich nicht. Der Rechtsanwalt schaute ihr gleichmütig zu, dann trat ein prüfender, forschender Ausdruck mählich in sein Gesicht, und er sprach mit kaum veränderter Stimme, nur mit tastendem, etwas unsichrem Wort: »Gnädige Frau, mir scheint ... ich bin mir nicht so ganz klar ... ich meine, Sie haben noch eigentlich nicht das bekommen, was Sie hier suchten. Soviel ich mich jetzt erinnere, war es doch weniger die ... praktische Hilfe eines Juristen als ... einfach – menschlicher Rat. Und da möchte ich Sie zunächst einmal fragen ... darf ich Sie etwas fragen?«

»Bitte.« Sie richtete sich aber auf wie in Angst, wie um einer möglichen Feindseligkeit, Angriff und Schlag, zu trotzen.

Ihr Gegner strich mit der gepflegten Hand ein paarmal über die Schläfe.

»Ich möchte die Frage so stellen: Ist Ihnen – als einer Mutter – geholfen ... ist Ihr Schmerz um soviel vermindert, wenn der Mörder gerichtet wird?«

»Ja.« Deutlich und fest.

»Inwiefern?«

Martha antwortete nicht. Sie saß, die Hände gefaltet, steif, mit großen, verwunderten Augen. Mit unverstehenden Augen. Was sollte das nur? Wenn nun ein Mädchen das herzliche Zeichen, den Brief des Geliebten ersehnte, mochte wohl auch einer fragen: »Was kann dieses Stück Papier? Ist er dir dadurch näher? Nimmt er dich dadurch in den Arm und küßt dir die Lippen?« Und es hätte erwidert: »Ja, er ist mir näher, ganz nah!« So hatte Martha auch das Empfinden –

»Kehrt damit Ihr Kind ins Leben zurück?« fuhr er fort. »Nein. Nicht wahr? Warum also ...«

Doch Martha hatte indes gewühlt und auch etwas gefunden. »Solange er unentdeckt bleibt ...«, murmelte sie. »Es laufen noch immer Kinder genug unbeschützt in Berlin herum für solchen – für so einen Menschen.«

»An diesen Grund, das Verbrechen zu strafen – denn es ist einer, das gebe ich zu – haben Sie aber bis jetzt eben nicht gedacht.«

»Doch.«

»Nein. Und wenn, dann war es ein Nebengedanke, überhaupt nur so ein kleiner Gedanke bei einem großen Gefühl. Und das Gefühl heißt: Rache.«

Martha funkelte, griff zur Wehr. Als hielte sie diese Rache schon und man wollte sie ihr entreißen. Wie ein wütendes Tier, in sein Schlupfloch gehetzt, gesträubten Haars sich mit Klauen und Zähnen verteidigt.

»Und wenn es so wäre? Ist das denn unnatürlich? Man hat mir mein Kind zer ... fleischt ...! Ich bin keine Christin. Und wenn jemand dich auf die rechte Wange schlägt, so reich ihm die linke hin ... So heißt es ja wohl; ich kann das nicht wörtlich. Ich bin Jüdin und eine Mutter ...«

Der Rechtsanwalt zuckte die Achseln. »Wir sind eines Glaubens, gnädige Frau«, meinte er trocken, »aber ich bin toleranter ...«

Sie verzerrte den Mund. Hart: »Toleranter! Der Hase ist auch so tolerant; er tut dem Jäger nichts.«

Der Mann blieb friedlich, sah ihre Not mit beinahe spöttischer Überlegenheit, wie ihr dünkte. »Ich habe noch immer keine Antwort auf meine Frage gehört. Oder vielmehr die eine Antwort: Sie wollen sich rächen. Lassen wir die Berechtigung – die sittliche Berechtigung, mein' ich – Ihres Racheverlangens dahingestellt, nehmen wir einfach an...«, er suchte. »Sie glauben, wenn die Untat gesühnt ist, werden Sie ruhiger sein. Gut. Aber läßt sie sich sühnen?«

Er hat recht, dachte Martha und gleich: Ach Gott. Wozu diese Spitzfindigkeiten. Er bot mir doch seine Hilfe an; will er mir *damit* helfen? Was ihr Fleisch und Blut war, warmes Blut und schmerzvoll zuckendes Fleisch, das hatte er säuberlich abgeschält, bis ein Gerippe sich zeigte. Das zerlegte er nun und dozierte darüber hin. Er räusperte sich und rieb mit der Hand wieder die lichtere Schläfenecke, Bewegung, die wohl Gewohnheit war.

»Hm. Setzen wir also voraus: Den Nachforschungen der Polizei und Ihren eigenen... Bemühungen ist es geglückt, den Täter, den mutmaßlichen Täter, ausfindig zu machen. Er wird verhaftet, wird abgeurteilt, gilt durch Geständnis, Indizienbeweis oder auch beides als überführt, bekommt soundso viel Jahre Zuchthaus –«

»Zuchthaus –«, fragte Martha erstaunt, »ein Mörder...?«

»Das ist nicht Mord. Es ist –«, er verschluckte hastig den Namen. »Es ist sehr möglich, daß Ihnen die Strafe zu knapp bemessen erscheint. In solchen Fällen handelt es sich oft um kranke und minderwertige, erblich belastete Menschen.«

Martha neigte das Haupt und sah auf das matte, zertretene Blumenmuster des Teppichs. »Ja«, sagte sie schwer mit klanglos leiser, wie erstorbener Stimme, »ich habe davon gelesen.« Und zögernd: »Frau Hoffmann hat so ein dünnes Büchlein, eigentlich nur eine Abhandlung, eine Schrift. ›Gutachten über die Todesstrafe‹, von einem Professor in Kiel. Er heißt auch Hoffmann; es ist ein Verwandter, glaub ich. Er erzählt von einem Verbrecher in Hamburg, der hatte einunddreißig Schandtaten an Kindern verübt, und die längste Strafe waren zwei Jahre Zuchthaus gewesen. Beim zweiunddreißigsten Mal tötete er das Kind, einen Jungen, durch Messerstiche. Er wurde zum Tode verurteilt und hingerichtet; der

Professor nennt das einen Justizmord, weil sein Vater ein Trinker und unter den Vorfahren seiner Mutter angeblich jemand irrsinnig war. Ich weiß nicht... Mitleid mit einem kranken Unhold und keins mit dreißig gesunden Kindern...«

»Sie dürfen jetzt nicht so klipp und klar ein Accedo, ein Ja oder Nein von mir fordern, gnädige Frau. Professor Hoffmanns Gutachten kenne ich nicht. Ich setze durchaus kein Mißtraun in Ihren Bericht; aber ich müßte die Sache erst selbst und vor allem auch im Zusammenhang lesen, um dazu Stellung zu nehmen. Professor Hoffmann ist Gegner der Todesstrafe – vermutlich – ja? Ich als Jurist sollt' das eigentlich wissen; aber es wird jetzt so viel geschrieben, man hat nicht alles im Kopf.«

»Ja, er ist Gegner der Todesstrafe«, bestätigte Martha niedergedrückt und ging nachdenklich fort: »Er spricht dann von einem anderen Mörder, dem wurde im Untersuchungsgefängnis die Stiefmutter des Ermordeten gegenübergestellt. Die arme Frau schlug in der Erregung mit einem Regenschirm auf ihn ein und verwundete ihn am Auge. Der Professor ist über die Roheit empört. Man hat ihm gewiß noch kein Kind umgebracht, und er weiß nicht, wie einem zumut ist...«

Der Anwalt beugte sich vor. »Gnädige Frau, es bleibt Ihnen doch wohl verwehrt, solche Meinungen sachlich zu prüfen. Das ist ja auch nur zu verständlich. Das können Sie nicht.«

»Nein. Das kann ich nicht. Das kann kein Mensch. Sehn Sie, Herr Doktor... Der Rundfunk gab neulich abends ein Hörspiel von Reinhold Kagartz, vielleicht erinnern Sie sich. Ich höre selbst nicht, Frau Hoffmann erzählte es mir. ›Mord am Mörder‹. Ein – wie soll man sagen – ein Vorstoß gegen die Todesstrafe; der Held ist ein junger Arbeitsloser, der wegen Raubmords verurteilt wird, schuldlos verurteilt. Sehen Sie... Derselbe Kagartz schreibt ein paar Tage später in der Zeitung den Nachruf für einen früh verstorbenen Kameraden und Freund; der wurde bei einem politischen Streit im Handgemenge erschossen. Zum Schluß beklagt er das ungesühnte Verbrechen. ›Die Mörder gingen straflos aus; unserer Trauer ist nicht Genüge geschehen‹, oder so ähnlich. Da meint er, daß er die Täter kennt, und er darf sie verdammen. Weil es sein Freund war... Mit den paar Worten wirft er sein ganzes erdichtetes Stück übern Haufen...«

»Gegen die Todesstrafe gibt es«, schaltete nun belehrend und etwas selbstgefällig der Doktor der Rechte ein, »eigentlich nicht wie gegen andere menschliche Einrichtungen eine Mehrzahl von Gründen, sondern nur einen Grund. Ihre Unwiderruflichkeit. Daß kein Mittel besteht, die zu Unrecht verhängte aufzuheben oder für die bereits verbüßte Entschädigung zu gewähren. Das ist ihr einziger Mangel, der aber meines Erachtens vollauf genügt, ihre Abschaffung zu verlangen.«

»Auf wieviel Morde kommt denn – ein Rechtsvergehn?«

»Wir werden einzelne dieser Vergehen nie als solche erkennen. Und richterlicher Irrtum wiegt schwerer. Die Gerechtigkeit darf sich nicht irren, dann wird sie zur Ungerechtigkeit.«

Ihr Scheitel sank tiefer. »Ich weiß nicht... ich finde... Für den, der das leiden muß, ist es immer gleich schmerzhaft – ohne alles das drum herum... Es gibt wohl verschiedene Arten zu sterben, aber nur einen Tod. Und der Mörder fragt gar nicht erst, ob er sich irrt und ob er berechtigt ist oder so... Ach Gott, wenn ich denke, daß der, der mir mein Kind so – zerrissen...« Sie loderte auf. »Und wenn ich selbst auch das nächste Opfer eines Fehlurteils wäre, ich würde den Nacken hier hinhalten und nicht schrein...!« Sie duckte sich wieder. »Ich glaub, ich verstehe Sie schlecht...«

»Ja, gnädige Frau. Ich kann leider nicht widersprechen. Ich hatte gehofft, Ihnen mit Vernunftsworten beizukommen, Sie gewissermaßen von Ihrer Rachsucht zu heilen; aber ich sehe ein, daß ich meine Beredsamkeit überschätzte –« Das Telephon schrillte.

Der Anwalt hob ab, hielt ans Ohr. »Ja?... Ja, hier Pommer. Kollege?... Ich werde es ihr unterbreiten... Gut. Sonst noch –? ... In der Sache P. ist Versäumnisurteil ergangen... Schön... Auf Wiedersehn.« Martha zu: »Eine Sekunde, bitte.«

Er klingelte. Der Bürovorsteher, ein spillerig graues, gesichtsloses Männchen trat ein.

»Herr Kilch, wenn Frau Floege noch kommen sollte –«

»Frau Floege ist gerade da. Bei Herrn Justizrat drüben.«

»Gut, dann werd ich –«

Martha stand auf. »Sie haben sich lange genug mit mir Mühe gegeben, Herr Doktor.« Sie knipste das Ledertäschchen. »Was bin ich –«

»Nichts, nein. Wenn ich Sie nur um eines bitten darf, gnädige

Frau: überlegen Sie sich meine Worte. Ich möchte doch diese primitive Vorstellung in Ihnen zerstören: ›Vergossenes Blut schreit nach Rache. Die Rache fordert den Kopf.‹ So bequem ist das nicht.«

Martha nickte. »Sie haben wahrscheinlich recht. Ich bin so ein un... so ein ungetümes Wesen.« Sie dachte: So lügt nur mein Mund nach draußen hin, und in mir ist etwas, etwas Wahres und gibt dir unrecht.

Das aber verriet sie nicht.

6

Er lag, ein flockig zitterndes, silberweiß rieselndes Fell, den schmalen edlen Kopf an den Pranken, mit aufmerksamen Augen. Und Martha mußte die Augen schaun, die in der zärtlichen Überfeinerung dieses Leibes so kindhaft Reines, Lichtes und Tapfres, noch immer den Glanz des fünften Schöpfungstages bewahrten. Sie hellte sich auf, war irgendwie über ihr Hiersein getröstet. »Wenn ich solch einen Hund fände«, dachte sie, »dann wüßt ich doch nicht...«

Oft redete ihr Frau Hoffmann zu, ein Tier sich zum Freunde zu machen. Ihr eigener war ein gelbes munteres, ungehorsames Zwergdackelchen, der pflichtmäßige »Männe«. Und als ihre Nichte einen Prince Charles in gute Hände verschenken wollte, bot sie ihn Martha an. Die schüttelte trübe den Kopf. Sie mochte solche Schoßhündchen nicht, verachtete sie; das waren zerbrechliche Spielsachen, keine Tiere. Wenn sie eins lieben und halten sollte, mußte es ein Geschöpf wie Allegra, wie der Kongo des Herrn von Alten sein. Die deutsche Dogge Kongo war nachtschwarz, die Dogge Allegra forellengrau, dunkel gestromt. Aber wie würde der mächtige Kerl sich in ihr Zimmerchen fügen? wandte Frau Hoffmann ein. Ja, das fragte Martha sich selbst; vor allem auch, Doggen brauchten Bewegung, und sie hätte, das wüßte sie, wenig Zeit zu langem und häufigem Wandern. Frau Hoffmann beschied sich noch nicht. Es gäbe doch mittlere Größen auch, Wolfshunde, Dobermänner und Boxer – »Boxer sind häßlich.« Sie dachte aber: Ich will keinen Hund. Wenn ich mein Herz an ein Tier hänge... das ist Raub. Ursa soll nichts verlieren.

Nur dieser Barsoi. Er hätte als einziger sie verführen, ihre Treue zerschmelzen können. Er lag wie ein Lächeln. Zuweilen wohl, wenn das Saxophon allzu mißtönig tutete, das Schlagzeug dröhnender bummerte: er heulte nicht auf, er duckte nur sich tiefer unter den Tisch, und ein Beben rann durch dies weiße Haar, das locker schäumte, als wollte es gleich in silbrige Bäche verströmen. Er blickte zu seinem Herrn empor: Was soll ich hier? Warum hast du mich an den schlechten Ort mitgenommen?

Martha betrachtete den Herrn. Er war hager und lang, etwas hochschultrig mit leicht äffischer Hübschheit gekleidet, trug unter strohblondem Wisch ein kleines, unausgeprägtes Gesicht, schlaff, verlebt, kaum männlich. Er saß hintenübergelehnt, strich gelangweilt, verächtlichen Zug um die Lippen, an den Tanzenden hin. Martha wandte sich ab, im Munde einen widerlich süßen Geschmack; die morbide Puppigkeit ekelte sie, eh sie es selbst erkannte. Er sprach auch nicht mit dem Tier.

Martha rückte ihr Glas, sog aus dem hochgestengelten, lilienförmigen Kelch einen goldgrünen Tropfen. Vielleicht *war* es der Mann. Dieser unmännliche Mann. Jedenfalls . . . sie starrte ihn an, überlegte. Jedenfalls konnte er es so gut wie ein anderer sein. Er hatte den schönen Hund mitgebracht, so war er Stammgast gleich jenem – dem Knabenschänder, dem Mörder des kleinen Herbert Diem, den die Polizei hier verhaftet. Die Zeitung meldete oberflächlich: in einer Tanzdiele da und dort, wo er seit Wochen verkehrte – ihr hatte ein kurzer Gang genügt, die Tanzdiele zu ermitteln, weil es in dieser ganzen Straße nur eine einzige gab. Sie dachte einen Augenblick nur an die Tat, an den elenden Menschen, da stieg das wilde Blut ihr ins Antlitz, sie ballte die Faust unterm Tisch und hätte den Tisch zertrümmern mögen, die Leute schlagen, in Fetzen reißen, die Trinker, die Tänzer, die Jazzmusikanten, das ganze Gesindel dort. Sie hielt sich still und fest wie mit Händen, verschloß ihr Gesicht. Ich darf nicht denken. Ich muß kalt sein, eisklar und hart. Nur so erzwing ichs, nur so. Sie harrte in ihrem allzu dunklen und allzu einfachen Kleide und nippte vom grünen Getränk.

»The Mexican Aguila Band.« Waren das Mexikaner? Sie sahen freilich sehr unheimisch aus, dort hinter der Pauke und blitzend lärmendem Blech, Olivenhäute mit schwarzen öligen Haaren. Der erste hockte wie ein gedunsener, fetter Götze so starr – und war nun verschwunden. Das seidene Mädchen deckte ihn zu, eine chromgelbe Blume. Sie hatte sich schräg vor ihn hingepflanzt, sie färbte vor winzigem Spiegel die Lippen, zog jetzt ein Täschchen, ein Döschen hervor, und nahm eine Zigarette. Martha rauchte nicht.

Martha schaute empor. Die Luft stand voll bläulichem Qualm. Und viele geflügelte Ampeln schwebten wie rote Sperber darin. Am mohnroten Lampenschirm ihr zu Häupten hing eine Puppe aus schwarzem Stoff mit spitzer Mütze, weißem Gesicht und dünnen, schlenkrichten Gliedern. Die Puppe bin ich. Ich hänge mit unsichtbarem Faden an einem blutigen Licht. Das glüht...

Sie neigte beschämt das Kinn zur Brust, nestelte an einer Schleife. Der Kellner hatte wohl spöttisch geblickt, wie sie gegen den Himmel staunte. Sie durfte sich nicht verraten. Er eilte mit einem Brettchen vorbei, drauf flache Gläser mit bunten Speisen aus Sahne und süßen Früchten. Das blonde der beiden Mädchen da drüben bekam auch ein köstlich zartes Gebild, ein Spritzwerk, bräunliches Schaumgebirge mit Waffeltürmen und Schnee. Das hätte Ursa gefallen. Sie erinnerte sich, wie sie einst mit dem Kind in der Konditorei gewesen. Es hatte sein schimmerndes, warmes Gesichtchen ganz in der dampfenden Tasse versteckt und in tiefen Zügen getrunken. Und dann fand es das bröcklige Löffelbiskuit auf dem Teller.

»Mutter, so einen Kuchen haben wir aber gar nicht bestellt. Und das Wasser auch nicht.«

»Das braucht man nicht zu bestellen. Das ist Zugabe, das kriegt jeder umsonst, der hier Schokolade trinkt.«

Da hatte Ursa das Pritzelchen Teig andächtig betastet, ehe sie es knusperte, und auch von dem Wasser mußte sie kosten, und es schmeckte ihr wunderbar. Das blonde Mädchen zerteilte, durchwühlte den sanften Schlaraffenberg. Wie übermütig sie lachte. Jung. Mit frechem Stupsnäschen, mit dem Herrenschnitt ihres Haars schien sie fast ein verkleideter Knabe. Die etwas kleinere dunkle Gefährtin trug solch ein hellblaues Fähnchen auch; sie waren am Ende Schwestern. Der weiße Hund kam herbeigewedelt und schmiegte sich an der Blonden Knie; sie nahm seinen schmalen Kopf in den Schoß und fütterte ihn mit Waffeln. Bis sein Gebieter ihn mit einem fremden, unverständlichen Namen rief; er glitt zurück, kroch geschmeidig hinein zwischen den Tisch und die Stühle. Martha schaute ihm zu. Da spürte sie, daß der Herr sie bannte, scharf, mit zornigem Blick. Ärgerst du dich? Sie hielt die funkelnden Augen auf ihn, gab seinen Blick ihm wieder. Trotzend: Willst du nicht, daß man den Hund bewundert, was bringst du ihn her? Ein andermal laß ihn zu Hause. Sie sagte das mit den gepreßten Lippen, da stand er, kam auf sie zu.

Sie verdunkelte sich, von dem Einfall bestürzt, daß er sie gleich zur Rede stellen, ihr drohn, sie beleidigen würde. Sie machte sich kampfbereit. Sie war gesonnen sich zu erwehren, sich nichts von ihm bieten zu lassen. Er war so labbrig. Er war gepudert. Sie dachte: Er ist es gewiß. Wenn er mich anfällt, würg ich ihn ab wie ein Vieh. Ich bin stärker als er. Er verbeugte sich höflich.

Sie war verblüfft. Das hatte sie nicht erwartet. Sie wollte erwidern: »Ich tanze nicht«, und wußte doch, daß sie die Möglichkeit, mit wem es auch sei, hier Bekanntschaft zu schließen, nicht einfach fortweisen durfte. Sie murmelte nur: »Ich tanze nicht gut«; er meinte lässig: »Wir können ja sehn«, und hob das Seidenbeutelchen auf, das ihr zu Boden gerutscht war.

Martha versuchte ein Lächeln. »Sie haben solch einen schönen Hund; wie heißt der?«

»Eine Hündin. Lebjodka.«

»Das klingt so polnisch.«

»Russisch. Auf deutsch: Schwan.«

»Sind Sie Russe?«

»Nein.« Er legte den Arm um sie. »Sie haben eine recht tiefe Stimme, gnädige Frau. Nicht wahr?«

Martha stutzte. Was war das? Es hörte sich wie ein Vorwurf an, doch er hatte sie sicher nicht aufgefordert, um sie zu kränken.

Becken und Saxophon zeterten los, und sie tanzten. Der Tänzer redete nicht. Und Martha brauchte ihr bißchen Hirn, die richtigen Schritte zu raten. Es schien ihr auch, daß sie es schaffte. An der Ecke verhedderte sich Gedräng. Und wohl um sie beide mit Gewalt aus dem Knäuel herauszuwinden, umschlang er härter den Leib der Frau, drückte sich fast in sie ein. Einen Augenblick nur, dann ließ er sie wieder, lockerte wieder den Griff. Und wenig später ebbte das Toben; er führte sie schweigend zu ihrem Tische, verneigte sich, ging. Sie mochte ihn wenig fesseln. Martha saß wie zuvor.

Was hatte sie nun? Sie hatte mindestens einmal getanzt, das war alles. Sie hatte den Mann nicht zu halten verstanden, schon das nächste Ziel nicht erreicht. Nun grübelte sie den Ursachen nach wie ein Führer im Feld, der seine Schlacht verloren. Die Gäste, die Nachbarn zwinkerten höhnisch – oder bildete sie sich das ein? Und die hellblauen Mädchen kicherten auch: über sie? Sie kalberten, stupsten sich in die Rippen, die Braune puffte die Blonde vom Stuhl, und dann tanzten sie miteinander.

Auch Lebjodkas Herr tanzte wieder. Er wälzte, der Überschlanke, Müde, ein derbes Weibsbild herum. Mit mächtig nackten knallroten Armen, die man recht gut hinter Fischtrog und -netz in die Hüften gestemmt sich denken konnte, wenn etwa eine Wochenmarktskundin am Einkauf zu mäkeln gewagt. Und ihre grobschlächtigen Züge waren hart und bunt überschminkt; wulstig roh, hell blutwurstfarbig hingen die Lippen. »Ich bin nicht schön«, sagte Martha sich selber, »ich bin nicht mehr jung... Aber gegen dieses Stück Fleisch, die Keulen...« Ob die ihm gefiel. Er schleppte sich nun schon ein zweites Mal mit ihr ab. Sie wurde nicht eifersüchtig im Herzen; denn der Mensch da widerte sie. Ja... der Auswurf, nach dem sie hier suchte, der Lüstling, auf den sie fahndete, mußte auch widerlich sein. Und sie hatte sich vorher zurechtgelegt, wie sie den Abscheu niederringen, was für Worte sie spinnen würde, ihn zu umgarnen. Gewiß, bezwingen konnte sie sich; aber er hatte sie so überrascht, daß sie keins ihrer Worte gesprochen. Denn davon stand nichts in ihrem Plane, daß er so schweigsam sein, keinen Satz, keine Wendung hinwerfen würde, ihr Gespinst daran aufzuziehn. Selbst seine Auskunft über die Hündin klang unwillig kurz und knapp.

War er es denn? War er es wirklich, der...? In ihrer Tiefe huschte, krimmelte es, farbenlos, tastend, blind, wie Olme in einer Wassergrotte. Von Olmen las sie vor kurzem erst, merkwürdigen Tieren mit rötlichen Kiemenbüscheln... Sie fuhr zusammen.

Das blonde Mädchen stand plötzlich vor ihr, ein lässig unterdrücktes Gekicher im kecken, frischen Gesicht. Knickste. Martha starrte sie an. War sie verrückt geworden? Sie knickste noch einmal, ganz heiter:

»Bitte – Damenwahl.«

Martha blieb kühl. »Ich tanze nicht mit Damen.«

Die andere lachte. Halblaut: »Ich auch nicht.«

Das war unverschämt. Vermutlich hatte sie sich beim Tanzen wie eine Bärin gewiegt, nun machte das tolle junge Ding sich über sie lustig.

Sie ärgerte sich.

»Bitte – ich verstehe Sie nicht, lassen Sie mich in Ruhe.«

Die Hand dieses Wesens tappte aber auf ihre Schulter, und seine lüstern kichernde Stimme flüsterte ihr ins Ohr:

»Tu doch nicht so. Wir wissen doch, wie du aussiehst. Und ich weiß, daß der Tito, der Lange da drüben, überhaupt nicht mit Weibern tanzt. Du bist doch ein Bubi. Na, und ich auch, falls du's noch nicht gemerkt hast; ich seh gut aus, nicht wahr? So, sind wir jetzt einig? Was machst du für'n böses Gesicht –?«

Martha sah rot. Sie fühlte Blut vor den Augen. Sie warf sich irgendwohin, sie griff irgendwo zu, sie bohrte in irgendwas, einen Arm, einen Hals, eine Wange, die Krallen. Sie brannte und wuchs. Sie hatte Riesenkräfte. Wohl wehrte das Ding sich, kniff und kratzte; aber sie ließ nicht los. Und fühlte, daß sie nicht loslassen würde, bis man die Hände ihr von den Stümpfen riß. Auf dem Nebentisch blinkte ein Messer ... wie der Unflat schrie ...

Rufe, Schelten, Gekreisch und ein paar schwarze Ärmel. Die Kämpfenden wurden getrennt. Das kostete Mühe. Marthas Kleid war ziemlich verdorben; aber der Bursche lag auf dem Teppich in hellblauen Fetzen und heulte. Jemand schwatzte von: »... anzeigen ... Polizei holen ...« Ein Neuling, eine harmlose Seele. Das tat man hier nicht. Man war froh, blieb man unbehelligt.

Martha keuchte. Sie zitterte noch am ganzen Leibe. Sie nickte zu dem, was der Kellner wünschte, bezahlte stumm erregt ihre Zeche und ein zerklirrtes Glas. Dann wies man sie fort, und sie ging. Sie wußte später nicht, wie sie zum Hut, zu ihrem Mantel gekommen.

Sie stand in der Nacht und atmete tief, befreit. Die Luft war nicht kalt. Die Straßenlaternen verschwammen trübe in nebligem Meer. Wenige Menschen trieben. Und als sie ein paar Schritt gewandert war, begegnete ihr eine kleine Treppe, die zu einem Haustor führte. Sie setzte sich umständlich auf den Stein, auf die oberste Stufe. Eine letzte mühvoll gehaltene Stärke zerbrach in ihr, stürzte hin, und sie begann zu weinen.

Der Sonntag hatte längst ausgeläutet, als sie erwachte. Sie sah: halb elf, und fühlte sich doch noch immer nicht hell und erfrischt. Ihr Hirn war dumpf, voll der wüsten Trümmer des Abends. Sie gähnte, hob sich ein paarmal und sprang mit dem letzten Ruck aus dem Bette. Nacktfüßig lief sie ans Fenster und zog die Vorhänge auf. Der Tag draußen leuchtete scharf. Der kahle hartblaue Himmel verriet eine kurzstrahlig dichte Sonne. Sie warf sich mitleidslos über die mageren schwärzlichen Ulmen, das gilbend alternde Strohwischgras und das faulende Laub der Erde. Auf dem Fensterbrett wehte so Schwarzes, Rundes wie ein Schnipsel verkohltes Papier. Der Schmetterling war es, gefaltet und todesschwach. Martha legte ihn auf die Hand und hauchte ihn an; er regte die zarten Füße. Sie setzte ihn vorsichtig an den Rahmen; da tat er sich mühsam auf. Eine Schwermut, weinende Stille quoll in seinen samtenen Augen. Er zitterte leise. Das ist das Letzte, glaubte Martha, wenn er stirbt, soll er draußen sterben. In freier Luft unter Himmel und Sonne. Sie schob ihn hinaus auf das Sims. Er verstummte. Dann schlugen die Flügel mit stärkerem Beben, und plötzlich, schwank und taumelig noch, glitt er fort und flatterte schön und sicher und lebend in das wärmende Licht. Er würde ein Stündchen spielen. Wenn der Abend sank, war er tot. Es ist gut, dachte Martha. Was soll er hier stückweis verenden. Es ist gut.

Sie fror. Sie schloß das Fenster. Und wie sie war, in dem dünnen Nachthemd, dem zuddligen Haar, saß sie am Tische nieder und schrieb ein paar Worte an Albert Renkens. Die Zeit war neulich zu rasch entschlüpft; so lud sie ihn ein, am kommenden Sonntag nachmittags bei einer Tasse Kaffee gemütlicher mit ihr zu plaudern.

7

Sie hielt das Kleid in Händen und hob es ans Fenster gegen den nieselnden Schein. Das einzig teure, das Abendkleid, das in ihrem kargen Brautschatz gewesen. Weinrote Seide, von gleichfarbnen Spitzen bespült. Sie mochte es gern. Aber sie hatte es kaum zum Tanz, kaum einmal im Theater getragen. Und nun war es ganz aus der Zeit. Sie drehte es her und hin, überlegte. Sie trennte mit wenigen Scherenschnitten den Spitzenwurf vom Gewande – er war mit der heißen Nadel genäht – entkleidete sich mit wenigen Griffen. Und goß das weiche rote Geriesel über den nackten Leib. Sie trat vor den Spiegel.

Nein. Die blasse Haut schimmerte weiß durch zierliche Blätterlücken. Nein. Es war nicht möglich. Sie sah weder zärtlich noch reizend, noch wollüstig und erregend, gar nicht sanft unzüchtig aus. Eher drollig. Wie der machtvolle, feste Leib einer alten Göttin, aus Schicklichkeitsgründen mit modischem Fähnchen umhüllt. Und das Ding fiel auf einer Seite so kurz, daß es knapp an den Schenkel reichte. Das wirkte auch nicht raffiniert verführerisch, sondern bloß unanständig und plump, sehr komisch. Sie lachte auf, riß den Lappen herunter. Und stand und sann.

Sie war bereit. Sie wußte gut, was sie wollte. Sie spielte sich selbst nichts vor. Sie dachte nicht an Liebesbeginn, an heiße Blicke und zarte Worte, an den ersten suchenden Kuß. Sie dachte brutal: Heut abend oder gleich jetzt nachmittags soll er in meinem Bette sein. Er soll mich decken. Ich bin heiß. Ich liebe ihn nicht. Aber er soll meinen Willen tun, und ich muß dafür zahlen. Ich weiß nichts Besseres. Und ich habe lange gefastet, und wir werden die Lust aus uns pressen, deren wir fähig sind.

Sie atmete tief. Sie erinnerte sich. Sie hatte von Weibern gelesen, Dirnen, die nackt auf buntem, südlichem Lager, auf seidenen Kissen ruhn, auch den fremden Mann so empfangen. Aber dazu gehörte ein kosiges Zimmer, Wände, von rosa Damast verhangen, mit glänzenden Spiegeln geschmückt, kostbare Sesselchen, Silber, Kristalle... Statt dessen, was hatte sie? Hier einen alten hölzernen Waschtisch mit Schüben, geblümter Schüssel und Kanne, ein grünes Plüschsofa, diese verblichne Tapete... Und statt des Kammerkätzchens, der Zofe in Spitzenhäubchen und -schürze, würde sie selbst im Vorflur stehn und eine Gänsehaut kriegen, und während sie öffnete, kämen Langes eben treppauf oder aus der Tür und meinten, sie wäre geisteskrank und müßte nach Dalldorf...

Sie lächelte flüchtig über den Scherz, zuckte dann seufzend die Achseln. Sie wußte doch, daß die Kunst des Flirts, daß jede Koketterie, und wie die Fremdwörter alle heißen, ihr völlig abging. Frauen sind, die in Nonnentracht noch zu bestricken, ihre Glieder und ein Geschenk ahnen zu lassen vermögen. Sie nicht. Sie kannte ein einziges Mittel nur, den Mann zu entzünden: wild und schamlos zu sein wie die Glut.

Nein. Sie konnte das nicht. Sie bückte sich, raffte ihr Hemd vom Boden und zog es über den Kopf. Und sie holte das schwarze, ganz schlichte Kleid mit den langen und engen Ärmeln, das sie sehr schlank machte und sehr groß; sie trug auf der Brust als Zierat nur den ererbten, altertümlichen Schmuck, eine erblühte goldene Rose zwischen den goldenen Blättern. Und sie hatte schon auf den kleinen Tisch die gestickte Decke gebreitet, zwei weiß und goldene Tassen gestellt und in eine schöngestalte Vase aus taubenbläulichem Porzellan vier Rosen getaucht, drei schwärzlichrote und eine salmfarbige. Die finsterpurpurnen waren wie Sammet, die blasse dagegen mit röterem Herzen glich einer Ampel aus Alabaster, der von innen durchleuchtet wird. Sie hatte die Blumen vor wenigen Stunden am Friedhofsweg bei einem Händler gekauft, dessen Töpfe, Sträuße und Kränze meist hinaus zu den Toten fanden.

Sie schaute im Zimmer umher. Zufrieden: sie hatte das Letzte geräumt; jedes Ding lag an seiner Stelle. Nun brachte sie noch aus der Küche den Kuchen, Zimtplätzchen, Mohnschnitte, Dominostein, Mürbestern und Makrone. Dann saß sie und wartete.

Sie wartete. Sie sah nach der Uhr: schon dreiviertel vier, doch vor halb fünf würde er kaum erscheinen. Sie stand auf, in die Küche hinüberzugehn, sich dort ans Fenster zu setzen, fürchtete aber, daß er sie dann vom Hofe aus wahrnehmen könnte. Er sollte nicht wissen, daß sie ihm entgegenspähte. Ihr war die Sekunde zu lang. Sie hatte sich eine Zeitung besorgt und teilweise erst gelesen; sie starrte hinein, aber alles Geschehen dünkte ihr völlig bedeutungslos oder schwer zu begreifen. Und sie verdarb sich die Augen. Da kam eine Liebesgeschichte: »... Ruth im hellblauseidnen Pyjama lag auf dem Wolfsfell und schluchzte. Er kniete neben ihr nieder. ›Baby‹, raunte er zärtlich, ›Püppi . . .‹« Martha sah auf, in den Spiegel. Ihr Antlitz war in seiner natürlichen elfenbeinernen Tönung gepudert, aber der Mund zu grell gemalt; er glänzte giftrot und groß, eine wunderbare, reife, gespaltene Schote, Fliegenpilz, dachte sie, wer davon ißt, muß sterben. Sie wollte dem jüngeren Manne nichts Böses und fühlte doch, so lauernd, sich selber als eine Zauberin, Räuberin, die den Wanderer in ihre Höhle verlockte, ihn auszuplündern, zu schwächen. Denn sie umklammerte, hielt ihre Absicht mit jener dunklen Entschlossenheit, die wir zumeist nur auf schlimme Taten verwenden. »Baby«, wiederholte sie, »Püppi – vielleicht nennt er mich einmal so.« Sie schürzte höhnisch die Lippen. »Ich habe kein hellblauseidnes Pyjama, es würde mich auch nicht kleiden.« Tiefes Myrtengrün, warmes Rot waren für sie die Farben.

Sie dachte: Kleider. Denn sie war keine Gefällige, die all und jedem ein schönes Fähnchen heraushängt, keine Putzsüchtige, deren Hirn wie ein Kasten wirr voller Schleifen und Spitzen liegt; billige Modeniedlichkeiten lächelten ihr umsonst, und die Schneiderin besuchte nicht ihre Träume. Sie war doch Frau. Sie stand doch vor breiten Schaufenstern still und sah die Falten und las den Preis, meist ohne zu rechnen, zu wünschen. Nur plötzlich zuweilen rissen Gewänder, merkwürdige, märchenwahre, sie hin wie damals das seidene indischgelbe, wie das aus Gold- und grünem Brokat; sie pflegte die Sehnsüchte auszuhungern, und manche fielen nach wenig Tagen schon schlaff und grau von ihr ab, andere widerstanden. Sie trat in den Laden, zeigte, fragte, ging fort: Zu teuer für mich.

Sie wußte noch, daß sie als Kind eine Zeit sehr heftig, doch ganz vor den Eltern verschwiegen, solch einen kostbaren Hut sich gewünscht, wie ihn reichere Töchterchen trugen. Die Oberseite war Taft oder seiden, schwarz oder dunkelbraun, die untere Seite war meist mit rosa, weißem oder auch himmelblauem und bei dem braunen Hute sogar mit lichtgrünem Atlas gefüttert. Der glänzte schön; in die flache Scheibe wurde der Hinterkopf eingesetzt, so daß sie wie Schimmer, wie Heiligenschein das Kindergesicht umstrahlte. Ein kleines Mädchen kam öfters vorbei – sein Großvater führte es sonntags spazieren – das hob über aschblaues Mäntelchen eine scharlachne Aureole –

Es pinkte. Es klingelte. Martha stand auf: der Gast. Sie hatte die Lampe bereitgestellt zwar, aber nicht angezündet, griff hastig nach Streichhölzern, schraubte den Docht und stülpte klirrend die Milchglasglocke über den langen Zylinder. Nun öffnete sie.

»Oh«, sagte er fröhlich und überrascht, »die zweite Petroleumlampe! Unten brennt auch schon eine. Die Menschen hier wissen sich noch zu helfen, wenn mal das Licht versagt.«

Martha lächelte. »Das Licht versagt bei uns nie. Bloß . . . Wir leben noch in den achtziger Jahren ohne Gas und Elektrizität.«

»Nicht möglich!«

»Doch.«

»Daß es so was im Westen noch gibt. Sie sollten das Haus mal einem Museum als Leihgabe schicken. Echte Romantik.«

Sie zuckte die Achseln: »Romantik . . . Wir hätten sicher längst drauf verzichtet, wenn nicht der Wirt ein Ausländer wär und – wenn wir Mieter uns über die Kosten der Anlage einigen könnten. Bitte.« Sie leuchtete in den Raum.

»Gnädige Frau . . . wissen Sie, wie Sie aussehn? Wie eine fremde Priesterin in Ihrem langen schwarzen Kleid und mit der heiligen Lampe.«

»In einem schauerlich-rührenden Filmstück, nicht wahr?«

Er lachte.

»Ich habe mir erlaubt . . .« Er überreichte die zarte Gabe, locker im Seidenpapier. Aus irdner, türkisblau glasierter Schale stiegen zwei schlanke, sehr edle Tulpen, hochmütige Häupter, bronzefarb mit orangenen Schatten. Zwei Königsschwestern aus zaubrischem Reich, dessen Sprache wir nicht mehr kennen. Martha bewunderte sie. »Sie sind sehr schön. Sie sind viel zu vornehm und verwöhnt für meine Großmutterstube.«

Sie hatte ihm Kaffee eingeschenkt; er rückte das Sahnekännchen. »Die Großmutter ist sehr jung.« Er schaute umher. »Was doch dies bißchen Rückständigkeit – ich meine Ihre Petroleumkuppel – es hier nett und gemütlich macht. So anheimelnd, so . . . besonders. Wirklich. Warmwasserhähne, elektrische Schalter, die kriegt man heut überall. – Den Kuchen haben Sie aber nicht selbst gebacken?«

»Leider nein.«

»Leider? Ihre Hausfrauenkünste in Ehren, ich kenne sie nicht – aber ich wollte schon gerade sagen: Darum schmeckt er so gut.«

»Sie mögen Konditorkuchen lieber?«

»Schandbarerweise ja. Da steckt ein kindliches Vorurteil, glaub ich, sonst nichts. Ich bin bis zum vierzehnten, fünfzehnten Jahr immer ein gräßliches Süßmaul gewesen; man sieht mir das nicht mehr an. Bei uns zu Haus gab es selten Kuchen; weder die Wirtschafterin noch mein Vater machten sich viel daraus. Aber jeden achtundzwanzigsten März gingen wir zu Tante Cäcilie mit einem Geburtstagsgeschenk. Das heißt, sie war eigentlich keine Tante, nur eben so... die Muhme der Base oder die Base der Muhme... na, wissen Sie, eine Respektsperson. Und auf ihrem Tisch prangte jedesmal ein großer Teller mit herrlichen Sachen, mit Mohrenköpfen und Schillerlocken und wie man die Schönheiten nennt. Sie bot aber nichts davon an. Sie sagte: ›Probiert doch erst mal den frischeren hier, der ist selbstgebacken.‹ Und das Lächeln dazu... Sacharin. Mein Vater und ich mußten nehmen. Es war immer das gleiche pappige, ungenießbare Zeug. Alle achtundzwanzigsten Märze. Ich hab nie gesehn, daß einer der Gäste auch nur ein Stück von der Tortenschüssel bekam. Die verputzte sie sicher ganz still für sich, wenn sie wieder allein war.«

Er verstummte, rührte in seiner Tasse und fuhr etwas plötzlich wie aus Versonnenheit auf: »Aber sie nehmen gar keinen Zucker – Kaffee trinkt man doch süß!«

»Ich nicht.«

Er sah sie klar an. »Sie sind herbe. Oder doch... nein...«

»Und Sie lieben das Süße.«

Er überlegte, senkte den Scheitel, sein Haar schien silbrig und weich. »Man bekommt es nur zu leicht über. Es gibt da bei den Frauen so eine... eine Art Zärtlichkeit. Anschmeicheln, Niedlichtun, Kätzchengeschnurr, Kleinkindersprache, Geschmoll und sonstige Kinkerlitzchen. So ein gefärbtes, billiges, parfümiertes Geschleck. Schmeckt anfangs ganz gut, ein bißchen klebrig, etwa wie türkischer Honig; aber wenn sich das alle Tage so 'rumschmiert und man gerade kein Schmachtlappen ist, dann wird einem schließlich übel...« Er ruckte zusammen. »Bitte – entschuldigen Sie. Ich verderbe Ihnen den Appetit und mir auch.«

Martha zerbröckelte eine Makrone. Sie zweifelte nicht, daß er sein Erlebnis von vorgestern oder gestern verriet. Er musterte wieder die Stube. »Gnädige Frau... als Ihr Gatte drüben war, lebten Sie doch noch nicht hier?«

»Nein, wir wohnten in einem Neubau in Steglitz. Ich bin erst später mit meinem Kind hergezogen. Mein Kind war«, sie rührte die Tulpen an, »wie diese Blume.«

Er beugte sich vor. Schonend: »Gnädige Frau. Es tut Ihnen weh – ich weiß – Sie dürfen nicht davon reden.«

Sie flammte auf.

»Ich muß davon reden.«

Ein seltsam scharfer, fast bohrender Blick stach aus seinen fahlblauen Augen. Die Pupillen waren sehr klein. »Gnädige Frau... Sie sagten neulich... etwas Merkwürdiges.«

»Was?«

»Ich kann das nicht wiederholen.«

»Das?« murmelte sie. »Wenn einer mir helfen, versprechen würde, den Mörder meiner Ursa zu suchen, daß ich dann...« sie stockte.

»Dann...?«

Ihre Hand lag noch auf dem Tischtuch, ruhig, doch sie fühlte, wie seine sich drüberschob, fühlte sie als eine glühende Schwere, die sie nicht abwälzen konnte. »Dann...?« fragte er.

Ein Stuhl schurrte. Er flüsterte an ihrer Wange:

»Dann wollten Sie ihn belohnen, nicht wahr? Was würden Sie ihm schenken...?«

Sie hauchte unhörbar:

»Alles...«

Sie bebte. Er warf sich auf sie. Er riß sie hoch. Er sog sich an ihrem Munde fest, er wühlte sich ein mit Zähnen und Zunge wie in eine rote Frucht. Er löste die goldene Rose vom Kleid und suchte die starre Knospe der Brust mit heißen Händen und Lippen.

Sie wich. Sie machte sich los. Sie trat zu dem breiten braunen Bette und schlug mit schweigend großer Gebärde die Fransendecke zurück.

8

Sie wachte auf in der Nacht. Sie war an etwas gestoßen. Es lag etwas bei ihr, dicht. Ein fremder Leib. Sie floh in die Höhe, saß aufrecht da, erschrocken. Ihr Herz klopfte.

Dann lächelte sie: Ich hatt es schon wieder vergessen. Ich bin nicht allein mehr in meinem Bette, nein. Neben ihr schlief der Mann. Sie hörte, empfand seine kräftigen Atemzüge. Es war stockfinster. Sie hatte Lust, mit brennender Kerze sein Antlitz zu schaun. Was wußte es noch von ihr? Was wußte sie noch von ihm? Licht aber würde ihn wecken. Ihr war heiß. Sie schüttelte die Haare zurück, stieg vorsichtig aus den Kissen.

Sie tappte. Sie tastete, fühlte den Tisch. Sie hatte ihn nicht einmal abgeräumt; leise klirrten die Tassen. Das Zimmer dünstete um sie laulich, unluftig heut. Sie war nackt. Barfuß glitt sie gegen die Fenster, zog behutsam eins auf. Sie trank das Eis, sie lehnte den Körper wie in ein kältendes Bad. Das tat wohl. Aus einer Schwärze rieselten mählich weiße flockig-kristallene Sterne, schmolzen auf Schulter und Arm. Sie beugte sich tiefer. »Ursa ...« raunte sie, »Ursa, hörst du ...? Ursa! Ich tu es für dich ... für dich ...!«

Dritter Teil

1

Die wenigen Leute, die mit ihnen ausgestiegen, hatten sich hinter dem Bahnhof verstreut; nun pilgerten sie an zwei oder drei brachliegenden Kaffeegärten vorüber, der letzte hieß »Blitter's Eden«. Kein Zaun; hinter grauem, einstöckigem Häuschen mürber Rasen mit alten Linden, am Ende die Kegelbahn. Über dem Schenkenschild, links und rechts, schlappten zwei kleine verwitterte Fahnen, eine rot-weiß, die andre blau-gelb; sie hingen so trübselig welk und entfärbt wie Blättlein an Winterzweigen. Und es folgten braunrostige Maschengeflechte, Sommersiedlungen, nun verwaist, mit stummen hölzernen Lauben, mit leeren Obstbäumen, Himbeersträuchern, mit Beeten wie Streuselkuchenbleche voll schwerer, schwarzer, klitschfeuchter Krume, mit letztem verschonten Erlengestämm in den Winkeln. Sehr arm und trostlos sahen sie, diese verlassenen Länder, aus unter dem kalten Himmel. Er fröstelte müde, graulichbleich, als ob er bald schneien würde, aber kein zärtlich weiches Geflock, sondern harte, graupelnde Körner. Und der Morgen war schön gewesen... Dann kam der Wald.

Ein Mischwald grimmer zerfurchter Eichen, dämmerrot, traurigrot glimmender Kiefern, elefantenhäutiger Buchen. Strolchendes Unterholz. Der Weg war breit, doch verschüttet. Die Lager vermorschten Laubes glitschten, quitschten und knisterten unter den Sohlen. Doch das Gras war grün, und das Moos war grün, und hier und da lag ein kleiner Klacks Schnee wie hingetropft mit dem Löffel. Und hier und da quoll ein Maulwurfshauf, Gebrodel, Schaum der dunklen, duftenden Erde. Und dicht am Wege hob eine runde, rasenbedachte Kuppe sich, schlief wie das vergeßne, verwucherte Grab eines heidnischen Recken. Zuweilen auch senkten Gruben sich ein, tiefere Tröge voll unvereisten moorigen Wassers.

Das Struppwerk zitterte, knackte. Albert trat hin. »Es ist nichts. Vielleicht wars ein Vogel. Aber ich habe hier selbst schon Rehe gesehn, und weiter drinnen soll es auch Wildschweine geben. Das hat mir jemand erzählt –... woran denkst du?«

»Ach... nichts...«

»Woran denkst du, sag doch?« Er nahm ihren Arm.

»Ich überlege, ob du nicht erst mit diesem Bernecke –«

Er schob sie leicht fort. »Ach Gott, so laß mich wenigstens hier mit den Auskunfteien zufrieden. Wir machen einen Spaziergang und du ...«

Sie erwiderte still: »Du hattest gefragt«, und verstummte. Sie wanderten nebeneinander her, schweigend und ohne sich anzurühren.

Und die flitternden Lieder der Vögel waren entflohn. Schwarzdrosseln stöberten ab und zu in welkem Blättergeraschel. Eine winzige Sumpfmeise stand in der Luft, schwebte am Stamm, dieses zierliche Ding, graurot mit kohlschwarzer Mütze. Irgendwo hoch unter Kiefernschirmen hackte ein Specht. Sie hörten ihn nur, entdeckten ihn nicht und spähten und drehten sich hin und her, bis sie ihn schließlich fanden. Den weiß und schwarz und karminroten Vogel, gefiederte Echse mit Schnabel und Schwingen, die schwänzelnd huscht um den Baum. Als sie ihn suchten, fingen sie an miteinander wieder zu reden.

Martha fragte:

»In Amerika, in den Vereinigten Staaten, sind da eigentlich auch solche Vögel? Gibt es Spechte?«

»Sicher. Bloß andere Arten. Aber offen gestanden, ich weiß nichts. Ich hab mich in Städten 'rumgedrückt, in Boston, dann in New York und Chicago; man denkt schon nicht an Blumen und Vögel, wenn man die Namen nennt. Natürlich sah ich mal welche fliegen, ich sah sie eben ohne Verstand; man hatte nur seinen täglichen Arbeits- und Amüsierkram im Schädel. Der einzige, den ich wirklich bemerkte, war so ein Papagei, ein fremder, ein afrikanischer grauer mit rotem Schwanz. Er gehörte einer jüngeren Dame, die ich kurze Zeit öfters besuchte; ein niederländischer Handelsvertreter hatte ihn ihr geschenkt. Pfui Teufel.«

Sie murmelte: »Du wirst eines Tags auch ›Pfui Teufel‹ sagen, wenn du von mir erzählst.«

»Nein.«

»Doch.«

»Nein, weißt du, die Flossie – Gott, Flossie! – war gräßlich gefühlvoll, so falsch gefühlvoll; denn wahrscheinlich tat sie sich nur, weil sie glaubte, mich überwältigte das. Ich mußte ihr deutsche Lieder singen; Germans sind doch so musikalisch, ich zwar nicht, aber sie lauschte entzückt. Ich war noch damals ein halber Bengel, ich trällerte allerhand Schweinereien, von denen sie keine Silbe kapierte, und das machte mir diebischen Spaß. Sie schrieb mir auch süße kleine Briefchen – isn't it sweet? Ekelhaft.«

Er zögerte, fuhr dann fort: »Einmal gingen wir durch die Anlagen, nachts. Ein armes Liebespaar saß auf der Bank, schon sehr miteinander beschäftigt. Aber man brauchte nicht hinzugucken, wenn man nicht wollte. Sie guckte hin. Und war empört über die Unsittlichkeit unter freiem Himmel. Dabei, was sie sich im warmen Zimmer von mir ... na, Schwamm drüber.«

Er stieß mit dem eisenbezwingten Stock einen Kienapfel vor sich her.

»Martha ...«

Sie schaute ihn an.

»Du – du bist eigentlich ... das schamloseste Weib, das ich kenne.«

Sie nickte, entgegnete ihm mit harter, gleichsam geballter Stimme:

»Du hast recht ... ich –«

Er lächelte. »Und zugleich das anständigste. Bei dir ist nichts Mache, kein Lenzeszauber ... blaue Mondnacht im Amorsaal – du weißt, was ich meine. Mirjam!«

Er rief sie oft so, seit sie erzählte, daß sie den Namen der Großmutter trug, die in Wahrheit Mirjam geheißen. »Komm.« Er legte um ihre Schulter den Arm und ließ ihn gleich wieder fallen. Zwei ältere Männer tauchten auf, Ausflügler wohl, unterm Jägerhütchen, den Photographierkasten umgehängt; sie schritten in angeregtem Gespräch gleichgültig ihnen vorüber.

Eine Lichtung öffnete sich. Schmale Birken auf lockerem Rasen wie weißgewandete Jungfern, bereit, in lachender Bläue und Sonnenschein zwischen Hirtenflöte und Lämmergehüpf ihr Reigenspiel zu beginnen. Nun starrten sie leichenhaft, hexenverwünscht unter fahl-ödem Geisterhimmel, fremd: taube, gespenstische Seelen. In einem der nackten Wipfel hockten zwei häßliche Krähennestungetüme aufeinander wie schwarzer Schorf.

Und sie gingen langsam hinüber, wieder in den Wald. Die kleinern verkrümmten, schwärzeren Kiefern tippten mit ihren Nadeln sie an, kauernd wie bucklige Druden. Martha sagte:

»Ich möchte wieder gern eine Tulpe haben.«

»Eine Tulpe?«

»Ja. Wie deine beiden: orange und bronzebraun.«

»Meine...?«

»Hast du vergessen...? Die du mir brachtest... das erste Mal... als du kamst.« Sie blickte hinab. »Ich dachte mir eben, es müßten welche in dieser Moosgrotte blühn. Die ist so düster und märchenhaft, und sie wären wie Lampen.«

Sie fanden das Waldesende. Ein Fließ wellte schläfrig, lustlos dahin; am Ufer verwirrten sich gelbe Halme, breite zerknitterte Bänder. Eine leere Papphülse klebte dazwischen; Albert schleuderte sie mit dem Stock, und das Wasser spritzte. Es schlackte trübe. Aus schlammiger Tiefe quoll Pflanzenwust, Tang, kroch wie Gekletter von Tannenspitzen grünlich zum Spiegel empor. Kein Steg. Die Reste zerbrochener Knüppelbrücke schleppten sich klapprig, wankten. Was gab es auch drüben zu sehn? So weit das Auge reichte, nur Feld, blasses, baumloses Frieren. »Da muß eine Schneedecke drüber liegen«, erklärte auch Albert schon. »Alles verschneit... und dann Schlitten fahren...!« Er erinnerte sich:

»Ich reiste ein einziges Mal als Junge zu Onkel Felix aufs Gut. Mit meinem Vater nach Neujahr für vierzehn Tage. Heut glaub ich, daß sich auch ein paar Nachbarn an der Sache beteiligten; wir hatten jedenfalls sechs oder sieben Schlitten. Meiner war innen von dunkelblauem, etwas schäbigem Plüsch. Und meine beiden Pferde trugen rot-weiße Puschel über den Glöckchen. Wir fuhren so immer mit hübschem Geklingel und weich wie auf Watte hintereinander her. Über uns auch so ein niedriger, schwerer, grauer Himmel mit Krähenschwärmen, vor uns Felder und aber Felder, glatt und weiß und endlos wie... Wie was? Wie das Bettlaken für eine Riesin. Das heißt, so seh ich es heut. Neben mir saß ein kleines Mädchen, Milda – ein richtig sächsischer Name – und hielt seine Puppe fest. Daß wir später irgendwo angelangt wären, weiß ich nicht, aber wir müssen doch wohl; denn sonst ständ ich nicht hier.«

Martha trat dicht an ihn hin.

»Warum hast du mich dabei so angesehen?«

»Wobei?«

»Bei dem ›Bettlaken einer Riesin‹. Ich bin doch nicht riesenhaft. Nur groß. Wenn du dir nackte Frauen vorstellst, denkst du an mich... immer... ja?«

Er erwiderte halblaut:

»Martha... Ich hatte es ja gesagt: du bist schamlos.«

Sie verteidigte nichts. Sie nahm wie von ungefähr seine Hand und legte sie leise an ihren Schoß über den Kleidern.

Seine Blicke flimmerten; er raunte:

»Wer hat dir das beigebracht, nicht dies, sondern alles; sag endlich, ich hab dich schon öfter gefragt: dein Mann?«

»Mein Blut.«

»Das glaub ich dir nicht. Du hast was in Büchern gelesen?«

»Ich lese solche Bücher nicht, das ist Schmutz.«

»Du hattest auch Liebhaber, ja?«

»Nein.«

»Doch. Aber mich liebst du nicht.«

Sie schwieg.

»Aber du schläfst mit mir gerne?«

»Ja...«

»Du bist eine Dirne.«

Sie schüttelte stumm den Kopf.

»Du bist eine Jüdin.«

Sie hatte sich abgewandt, ging ihm voran mit starken Schritten. Er pfiff, sie wußte nicht, was. Einen Schlager vermutlich. Sie kehrten der ärmlichen Aussicht den Rücken; ein Birkenbusch nahm sie auf.

Stöckerig dünne, splintrige Bäume, spärlich und gleichsam rachitisch gewachsen, manche grotesk verrenkt. Den Boden deckte verfitztes Gestrüpp, Schlupfnest und Räuberlager wildernder Tiere. Strauchhümpel ballten sich brandbraun mit weichen, faulig hängenden Blättern. Fallholz knickte am Schuh. Sie zerbrachen die Farne mit ihrem Drängen. In flacher Bucht lag umwuchert ein Tümpel, dick eingesackt, tintig, schwarz. Sie tappten hinunter. Albert stach, um die Tiefe zu messen, einen Zweig in die schlikkernde Flut.

»Kein fester Grund. Sumpf.«

Martha sann:

»Du... Was da versinkt, kommt nicht wieder...«

»Nein. Das steckt im Modder. Warum? Soll ich dein Opfer sein, mordest du mich und willst mich im Froschpfuhl begraben?«

Er lachte kurz auf; sie bückte sich nach einem Schneckengehäuse. »Nicht dich ...«

Sie trieben weiter. Die Welle lockeren weißlichen Grases führte sie mit sich fort. Ein mißgestalteter Baumklotz stieg hoch wie ungefüges schwarzzottiges Tierhaupt, das aus dem brauenden Schoß der Erde aufschwillt ans Licht. Geknister. Martha hielt: »Pst! Hörst du nichts...? Da...!« Die huschelnde Zwergmaus saß graubraun und zierlich still auf farbiger Streu. Wispelte an einem Hälmchen.

»Wie hübsch ...«

»Willst du sie haben?«

»Laß ...« Aber er hatte sich schon geduckt; die Scholle war zäh und die Laubschütte dünn; ein jäher Handsprung, ein zweiter, er griff das zuckende bißchen Leben. Es wand sich ihm zwischen den nackten Fingern mit weißem Westchen, unendlichem Schwanz, mit zugekniffenen Äuglein, mit Zähnchen, die nagen wollten, befrein. Sie fühlte es an: »Wie Samt. Es ängstigt sich, setz es doch wieder hin. So.«

Es wischelte fort ins Gekräute. »Wenn ich für Ursa solch Tierchen... das...«

Sie verstummte.

Hatte sie nur der Blick gezüchtigt, dieser harte, feindselige Blick, der für den Bruchteil einer Sekunde aus seinen Wimpern schlug? Er rieb sich die Hand, die das Mäuslein gefangen, und sagte sehr plötzlich, befahl:

»Jetzt kehren wir um. – Übrigens, wie du weißt: heut abend sind wir bei Fehlandt.«

»Du. Wenn du willst. Ich nicht.«

»Doch. Man lebt in der Welt. Er hat sich für mich bei dem Doktor verwendet und meinetwegen mit Leipold gesprochen und... Na. Da lehnt man nicht ab. Seine Frau lädt dich besonders ein; sie möchte dich kennenlernen.«

Martha höhnte: »Seine Frau lädt mich ein? Eine gutbürgerliche Dame? Sie will wohl zeigen, wie vorurteilsfrei und flott und modern sie sich gibt?«

»Du irrst dich. Bevor Fehlandt sie heiratete, war sie seine Geliebte. Schauspielerin.« Er fügte erbittert hinzu: »Glaubst du, daß mir das Vergnügen macht, für deine Sache mit diesem Kerl, diesem gewerbsmäßigen Erpresser, denn so was Ähnliches ist er bestimmt, bei Aschinger Bier zu trinken?«

Martha zuckte, preßte die Lippen und sagte nichts mehr.

2

Es wurde an zwei sehr festlich gedeckten, runden Tischen gespeist. Neben ihr saß Albert Renkens. Er war vor dem Mahl auf sie zugetreten, mit einer Verbeugung: »Darf ich bitten, gnädige Frau?« und sie hatte gelächelt. Nun sprach sie wenig, sie sah vor sich hin, sich seltsam empfindend, ein bißchen benebelt wie Nichttrinker von dem geringen Schluck Feuerwasser. Denn sie war in Gesellschaft an solcher Tafel seit Jahren nicht mehr gewesen. Ihre Versperrtheit, Abseitigkeit ließ Freunde kaum zu. Sie hatte ein paarmal, da Ursa noch lebte, das Ehepaar Lange zum Kaffee besucht; sie hatte aber sich immer geweigert, sooft Lydia Hoffmann zum Butterbrot in kleinem Kreise gebeten. Ein einziges Mal, sie erinnerte sich, übernahm Frau Beucker die Abendpflichten; als Martha heimkehrte, lag das Kind, so ungewöhnt nachts ohne Mutter zu sein, noch wach in Kissen und weinte. Sie schaute mit schweren, tastenden Augen, und alles schien merkwürdig kostbar und fremd, die braunen Salzstangen auf dem Teller, sogar das Brötchen im künstlich gewickelten, seidig glänzenden Damasttuch, der Veilchentuff in flachem Kristall über zartgelber Spitzendecke. Man reichte die Spargelbrühe in Tassen von makellos weißem Porzellan und wundervoller griechischer Form der Henkel und Schalen. Im Glas schwamm purpurner Wein. Sie wußte nicht, welchen sie trinken wollte; aber »Der rote steht dir wohl besser« hatte Albert gesagt. Er war zufrieden mit ihr. Sie trug das Kleid, das er ihr geschenkt, weichfließend, aus bienenbraunem Sammet, mit goldenen Blumen gestickt. Ihre Wortkargheit störte ihn kaum. Sie ließ ihn um so fröhlicher nur mit seiner linken Nachbarin scherzen, einem kastanienlockigen, sehr süßen, sehr jungen Geschöpf. Einem schlanken Kobold voll Schalkslust, Geglitzer, der den ganzen Tisch unterhielt. Sie zupfte ein Veilchen aus dem Kelch und steckte es Albert Renkens durchs Knopfloch mit ihrer niedlichen Hand. Er neigte sich: »Gnädiges Fräulein, ich werde es tragen wie einen Orden.«

Martha hörte still. Sie bröckelte nur langsam ihr Brot und aß es fast krampfhaft, schluckte. Vor ein paar Wochen, dachte sie, wurde ich seine Geliebte. Und nun . . . Sie dachte: Ich bin nicht klug. Er wird das Blümchen schon vor dem Heimweg verlieren. Und wenn es haftet, so werde ichs leicht von seinem Anzug nehmen, es ins Herdloch werfen und morgen verbrennen. Wenn er bei mir liegt, heut nacht. Sie lächelte, hob ein wenig den Kopf; ihre Augen glühten. »Gnädige Frau –« sprach ihr Nachbar rechts, »gnädige Frau, wir streiten uns eben ... Sie sind Photographin. Sie waren doch sicher auch voriges Jahr in der Lichtbildausstellung Weege ...«

Martha erteilte ihm gleichmütig-höflich Bescheid. Dann boten die Mädchen in weißen Schürzen ihr Pute und Rotkohl an.

Ein größeres Zierstück stand auf dem Tisch jenseits der Veilchenschale. Einer der Herren nahm es auf und gab es herüber. Ein Kunstwerk aus milchigem Porzellan: ruhender Elch. Mit den Zotten am Halse, den mächtigen Schaufeln am lauschenden, rückwärts gewendeten Haupt, mit witternd geblähten Nüstern. Albert schob ihn vor ihren Teller; sie streichelte leise sein Fell.

Die Kastanienlockige fragte: »Ist das ein Renntier?«

»Ein Elch.«

»Ach so ... Gnädige Frau, Sie dürfen nicht böse sein, daß ich das sage ... aber ... Es ist so, Sie sehen ihm ähnlich.«

Allgemeines Gekicher. Martha schwieg, überflammt. Sie gehörte den seltneren Frauen doch zu, die oftmals schön sind, häßlich bisweilen und niemals hübsch sein können. Sie wußte: Heut war sie schön. Das Tier war häßlich. Sogar Albert warf spöttisch hin: »Gnädiges Fräulein, Sie sind so geistvoll wie liebenswürdig. Sehn Sie sich das mal an.« Er rückte die Plastik näher.

»Doch!« verteidigte sich das Mädchen. »Ich hab mal davon gelesen. Der Elch, der hat sowas Märchenhaftes, sowas ungeheuer Dunkles und Wildes ... was Fremdes ... Gewöhnliche Hirsche, die gibts auch im Grunewald und nicht bloß am Sonntagvormittag!«

Sie lachten. »Witzig«, lobte ein magrer Bebrillter, »großartig, Fräulein Lill. Es stimmt zwar nicht ganz; aber Sie wissen sich immer zu helfen.«

Martha berührte das Zackengehörn, umfing dieses starke, großgewölbte, gleichsam sinnliche Maul, die mächtige Oberlippe. »Sie haben recht, Fräulein Lill. Ich weiß, was Sie meinen.«

Keiner hörte mehr hin. Sie waren alle, auch Fräulein Lill, schon mitten in lebhaftem Für und Wider: Ob sich noch Wild im

Grunewald fände, ob nicht. Und aßen Nußeis aus gläsernen Täßchen mit vergoldeten winzigen Löffeln. Auch Martha nahm Waffel und Zimmetblatt und reichte das Körbchen weiter. Sie dachte: Das Mädchen hat recht. Das plumpe, brandrot düstere Tier, das ungefüge, einsame Wesen einer sterbenden Art – das bin ich. Aber das Eis schmeckte köstlich. Sie schnitt auch vom Pücklerkegel ein Stück mit dem goldenen Messer. –

Sie waren einander vorgestellt worden, Martha, die jüngeren Damen, die Herrn und diese angenehme Matrone; sie wußte die Namen nicht mehr. Bei der Prozession aus dem Speisezimmer war sie irgendwie in die Gruppe geraten, die jetzt neben dem Flügel saß. Man sprach übers Theater.

»Sie waren zu ›Hudson Lowe‹, gnädige Frau?«

Nein. Und sie hatte auch kaum einen Schnipsel Kritik in der Zeitung aufgelesen. Aber die anderen Damen kannten das Stück und lobten. Editha zur Nieden als Betsy Balcombe: entzückend. So ein frisches, blutjunges Ding! Bloß der Montholon war ein Versager. Paul Klisch nahm die ganze Schauspielerei offenbar nicht mehr wichtig, trieb sich lieber auf Tennisplätzen umher ... Gott, wie kann man so reden. Warum soll denn ein Künstler nicht Tennis spielen, jeder treibt heute doch Sport. Eldersmann boxt zum Beispiel ...

Martha nickte, wendete flüchtig, unauffällig den Kopf. Albert stand vor der Marmorskulptur mit dem Hausherrn und dessen Freunden. Sie fachsimpelten gewiß. Er kehrte ihr jetzt den Rücken zu; er rauchte. Er langweilte sich wohl nicht. Ach, wenn wir nach Haus gehn könnten ... Sie sah die winzig bräunliche Maus, die er vormittags im Walde gefangen, die hätte sie hierher mitnehmen sollen und springen lassen zwischen den silbern und meergrünen Damastsesseln. Die Aufregung plötzlich, das Geschrei in der vornehmen Stube ...! Sie lächelte in sich ein.

Unruhe, Stuhlschieben, Platzgewechsel, weil Neuankömmlinge einrücken wollten, und Martha nützte das bißchen Gewirr, sich sacht aus dem Kreis zu verlieren. Sekundenlang hielt sie vor einem Bildchen, dem üblichen Winkel aus Rothenburg, dann glitt sie katzenschnell, diebesängstlich durch die angelehnte Tapetentür, aus blitzender Helle in Dämmer.

Sie fand sich allein. In einem Rauchzimmer, schmal und schwer und düster von Kelims und dem schwarzen, maurisch geschnittenen Holze. Eine Schreibtischlampe war angezündet und wies nur die nächsten Dinge mit sanftem, rötlich-gelblichem Schein. Auf dem engen Bord, das in halber Höhe die Täfelung abschloß, die Wand umlief, zwischen Bronzen stand eine Vase. Sehr reines graublaues Porzellan, weiche, schwimmende Farben. Verwölkter Abendhimmel, die Woge, mit braunen Segeln ein Boot. Martha nahm sie in ihre Hände, fühlte sie kühl und glatt. Und legte sie an ihre heißen Wangen und meinte die eisige Wellenfrische, den salzigen Meerduft zu spüren. Das tat gut . . . Sie schrak zusammen, starrte zur Tür: Marie Fehlandt, die Wirtin. Sie trat rasch auf die Einsame zu:

»Ach, hier sind Sie . . . Ausreißerin! Was machen Sie denn im Dunkeln? Ist Ihnen nicht wohl?«

»Doch. Ich betrachte nur diese Vase –«

»Bitte. Sie gefällt Ihnen, ja? Mein Mann hat sie neulich erst mitgebracht aus Kopenhagen. Aber warum verstecken Sie sich?« Martha wollte erwidern – »Scht! Sie brauchen gar nicht zu schwindeln. Ich weiß schon. Ich seh Ihnen an, Sie passen nicht zu uns Amüsiergesindel. Es soll mich nur freun, wenn Ihnen mein Essen geschmeckt hat.«

Martha bestätigte: ja. Sie rühmte das Eis, den Braten und fand von der losen, lebhaften Art dieser Frau sich wider Willen bezwungen. Sie hatte, vielleicht durch den Namen beeindruckt, sich Marie Fehlandt ganz anders gedacht, als eine blonde, große Erscheinung von hochmütigem Gehaben, nicht als dieses kleine wilde Geschöpf, zierlich, mit lachenden braunen Augen und krausem pechschwarzen Haar.

»So – Sie setzen sich auch. Es ist zwar sehr unhöflich von mir, daß ich die anderen Gäste sich selbst und meinem Mann überlasse; aber . . . kommen Sie nur. Ich beiße gar nicht, ich bin kein Hund: ich bin eine Katze, sagt mein Gemahl, und kratze höchstens zuweilen.« Schon zog sie die Überrumpelte auf den Diwan neben sich nieder.

»Jetzt gibt es zunächst ein Verhör. Sie sind Photographin, das ist Ihr Beruf; aber was treiben Sie sonst? Reiten Sie, schwimmen Sie, spielen Sie Golf? Nein, natürlich. Gehen Sie gern ins Theater?«

Martha warf ein: »Sie sind Schauspielerin –«

»Ich? I wo. Wer hat Ihnen das erzählt. Tänzerin bin ich – war ich. Ich stelle mich vor: Solange Methivet de Vigo.«

Martha lächelte. »Spanierin? Oder Französin?«

»Beides. Auch Deutsche, das hören Sie schon. Soll ich Ihnen meine Herkunft verraten. Sie ist unglaubwürdig genug.

Mein Großvater mütterlicherseits war ein nach Spanien verirrter Deutschschweizer. Nach Spanien verirrter Deutschschweizer, merken Sie sichs. Meine Großmutter stammte aus Vigo. Daher der Name... Er selber sprach ein elendes Spanisch, dafür ein um so besseres Deutsch, das brachte er seiner Tochter bei, und ich lernt' es von ihr, meiner Mutter. Sie heiratete einen Franzosen, einen Angestellten der Schneider'schen Waffenwerke. Ich bin in Le Creusot geboren – ahnen Sie, wo das liegt? Ziemlich im Osten, in Burgund: Département Saône-et-Loire – wenn Sie damit was anfangen können. Puh, eine rußige Stadt. Kriecht so schwarz an den Bergen hoch wie eine dicke Raupe. Man klettert da eine Treppe nach oben, rechts und links laufen im Halbkreis die Straßen, immer so übereinandergebaut wie die Zuschauerreihen im Zirkus. Wir wohnten am Treppenflur. Unten im Haus war ein großer Laden: ›La Cigale et la Fourmi‹. In einem Schaufenster Fahrräder, im anderen Nähmaschinen...« Sie lachte leicht auf. »Aber ich eigne mich auch zum Untersuchungsrichter! Sie sollen ein bißchen von sich erzählen; stattdessen kram ich meine ganze Vergangenheit aus. Nun also, machen wir Ernst. Sie sind unabhängig, berufstätig, Kinder haben Sie keine...?...« Sie hielt.

Martha verriet sich nicht. Sie legte die Handteller aufeinander und preßte sie; das war alles. Eine Blume war in ihr aufgeblüht mit schwachem Duften, die schloß sich zu; das war alles. Was sollte sie diesem rangierten Flittchen, dieser Brettlprinzessin enthüllen, die eben jetzt eine Laune trieb, sie mit Liebenswürdigkeit zu bedrängen, und die sie sicher in einer Stunde über Geflinker-Geflunker vergaß! Mein Kind ist, Gnädigste, nicht dazu da, für Ihre Unterhaltung zu sorgen. Wenn Sie sich langweilen, schaffen Sie sich ein paar neue Verehrer an. Ja, und – »Kinder haben Sie keine...?...«

Mit dünnen Lippen: »Nein.«

Die andere schien betroffen.

»Jetzt hab ich Sie wohl gekränkt! Ist das so schlimm? Sie sind verheiratet – Witwe, nicht? Da könnten Sie also auch Kinder haben,

Kinder sind doch so lieb! Ach Gott, wenn ich noch eins kriegen könnte...! Aber Sie sind eine kühle Dame, und davon verstehn Sie nichts...!«

»Doch«, sagte Martha leise.

»Nein...«

»Doch. Ich weiß.«

»Ach, was wissen Sie schon!« Der Widerspruch reizte, ärgerte sie; die Kätzchenkrallen streckten sich vor, um zu kratzen. »Sie...! Sie verachten mich, weil ich leichtsinnig bin; Sie wollen die vornehme Schwermut spielen; aber was *ich* auf dem Herzen habe, das – davon –«

Martha blieb ruhig. »Ich hatte ein Kind. Es ist tot.«

Marie Fehlandt verstummte. Schließlich pochte sie zaghaft an: »Ist es lange her... wie alt war es?«

»Fünf Jahre.«

»Ach...« Die Französin betrachtete ihre Ringe; sie trug einen schweren düsterrot glostenden Turmalin. Nach einem Warten meinte sie:

»Sie sind glücklich.«

Martha zuckte, schaute sie an, nur sehr erstaunt, nicht entrüstet. Marie Fehlandt saß mit gebeugtem Nacken klein und versinkend da. Dann warf sie den kohlschwarzen Haarschopf zurück, ein wildes Funkeln kam in die Augen; sie sagte mit einem Ton, der sich duckte wie das Raubtier vorm Sprung:

»Ich bin eine Mörderin.«

»Das ist Lüge...«

»Sie hatten Ihr Kind. Ich habe meins vorher ermordet. All meine Kinder... Ja. Ich war damals achtzehn Jahre. Ich trat schon öffentlich auf, in Lyon, und tanzte. Ich hatte auch Anbeter, einen Freund... Schließlich wurde ich schwanger. Ja. Ich konnte kein Kind gebrauchen. Man schickte mich zu solcher Hexe – Sie wissen – die nahm es mir ab. Es war mein erstes und letztes. Jetzt hab ich kein ›Unglück‹ mehr zu befürchten, jetzt bin ich steril!«

Ein kurzer, seltsamer Laut rang sich los, halb Hohngelächter, halb Schluchzen. Sie erhob sich, plötzlich gefaßt. Förmlich: »Ich muß zu den Gästen.«

Martha bot ihr die Hand. »Und ich gehe... ich darf?«

Sie nickte nur. »Es ist gut. Ich würde auch gehn, wenn ich

könnte. Ich danke Ihnen, daß Sie gekommen sind. Hier, durch diese Tür, bitte. Ich werd dafür sorgen, daß eins der Mädchen Ihnen das Haus aufschließt.«

Martha drehte sich um. »Und deshalb heißen Sie auch nicht Solange mehr, sondern Marie?«

»Deshalb ...? Nein. Das geschieht meinem Mann zuliebe. Er sprach den Namen als deutsches Wort und fand ihn häßlich und blöde. Er neckte mich immer: Warum denn ›so lange‹, warum nicht ›so kurz‹? Marie gefällt ihm viel besser.« Sie fügte, schon wieder lächelnd, hinzu: »Und nächstens kommen Sie mal zum Tee, gemütlich unter vier Augen?«

Martha wiegte den Kopf. »Ich weiß nicht... Ich habe so wenig Zeit...«

3

Sie rührte sich nicht. Die zarte Kälte spreitete sich wie ein großer, hauchleichter Vogel; sie deckte die bloßen Schultern und Arme, die nackten Brüste nicht zu. Sie ruhte in ihrem weiten und schweren, backofenwarmen Bette mit müden Sinnen, die gierig umkrampft, was sie erregte, sich glühend gesättigt, und mit einem glücklichen Lächeln. Sie lag, die Hände unter dem Haupte, und schaute ihrem Geliebten zu, der am offenen Fenster turnte. Er war nackt, er war stark und schön. Er reckte sich auf mit erhobenen Händen; sie dachte an jenes Bild, einen Buntdruck, in der Rahmenhandlung gefunden: der nackte Jüngling in Felsenöde, das Antlitz zu leuchtender Bläue gekehrt, mit riesigen Adlerschwingen. Sie fragte ihn: »Willst du fliegen?«

»Wohin?«

»In die Sonne.«

»Hier gibts keine Morgensonne.«

»Nein. Nur mittags und abends ... Flieg in meine Arme.«

Er tappte her. »Bist du immer noch durstig? Vampyr!«

Und dennoch, in einer plötzlichen Wallung warf er sich auf sie nieder und hing an ihr mit einem saugenden, leidenschaftlichen Kuß. Dann ließ sie ihn gleiten. Sie hatte über der Brust ein langes, rötliches Mal.

Er schloß das Fenster und streifte geschwind Hemd und Beinkleider über; sie kauerte sich vor dem Ofen hin und legte Holz ein, heizte. Sie erkundigte sich:

»Wirst du mit Apitz auch davon reden?«

»Wovon?«

»Von uns beiden, von mir. Wenn Männer untereinander sind, erzählen sie Frauengeschichten. Vorgestern in der Stadtbahn hörte ich ein Gespräch: ›Und wo waren Sie noch?‹ – ›Bei Frau ... Sie wissen.‹ – ›Netter, gemütlicher Abend?‹ – ›Ja. Ein bißchen anstrengend.‹ – ›Inwiefern?‹ – ›Hm.‹ – ›Na ... solche starken Weiber verlangen immer viel.‹ – Ich möchte nicht, daß du auch so redest, und weiß schon, du tust es doch.«

Er sah in die Ofenluke. »Ich würde nie zugeben, daß es anstrengend war.«

Sie lachte leise. »Komm!«

»Fällt mir nicht ein. Ich muß endlich fertig werden. Das Zeug will heut gar nicht brennen.«

Sie streckte sich auf die Flanke hin, den Arm an der Wange. »Du kommst bestimmt nicht zu Tisch?«

»Nein. Vermutlich auch nicht zum Kaffee. Ich habe Apitz gute sechs Jahre lang nicht mehr gesehn. Wir essen irgendwo in der Stadt und gehen vielleicht nachmittags ein bißchen bummeln.«

»Und ich werd meine Handtücher zeichnen. Kein festlicher Feiertag.« Sie seufzte.

»Du wirst dich daran gewöhnen müssen. An einem der nächsten Sonntage fahr ich nach Tangermünde. – Nun wollen wir frühstükken, ja?«

Er schlug die eiserne Klappe zu, richtete sich aus der Kniebeuge hoch und wusch die berußten Hände. Martha stand auf. Sie ging im Chinesenmantel umher; ihr Haar floß sehr weich und schwarz auf hyazinthblaue Seide... Sie trug das Geschirr. Die goldbraunen Hörnchen lockten im Korb, Kakao dampfte in der geblümten Kanne. Er schenkte sich ein und aß.

»Noch eine Tasse?«

»Nein, danke.«

»Mußt du schon fort? Du hast heut gar keine Ruhe. Ob es dem Apitz auch so eilt mit eurem Stelldichein?«

»Ach doch. Sechs Jahre: das ist eine schöne Zeit. Wenn du eine gute Schulfreundin hättest, würd es dir auch so gehn. Du würdest dich auch so freuen, sie wiederzusehn. Apitz war einer von meinen beiden besondern Vertrauten.«

»Und der andere war...?«

»Ernst Rother.«

»Ach ja, du erzähltest mir schon...« Sie sann. »Ich denke eben nach, ob ich auch eine richtige Freundin hatte. In den unteren Klassen hat man ja immer welche. Später... Als wir wegzogen, war ich eigentlich nur mit Lisbeth Kurnicki befreundet. Wir schrieben uns auch noch einige Jahre; dann verlobte sie sich und heiratete sehr jung, und dann schlief der Briefwechsel ein. Still und schmerzlos...«

»Also, Mirjam«, er griff nach dem Hut, »auf heut abend.« Er küßte ihr flüchtig die Hand. Als er gegangen war, sah sie vom Küchenfenster ihm nach. Dann zog sie sich langsam an.

Sie band eine Ärmelschürze um, nährte das Feuer im Herde und räumte wie jeden Sonntag selber die Stube ein bißchen auf. Sie hatte den Armstuhl ans Fenster gerückt, mit Nadel und Fingerhut, Stickgarn und Schere und neuen Handtüchern sich beladen, als draußen die Klingel schrillte. In das Blechkästchen fiel ein Brief. Die Schrift war ihr völlig unbekannt; aber da stand ihr Name; sie schlitzte den Umschlag auf.

Für Herrn Renkens.

Lieber Albert,

ich habe soeben mit Deiner Wirtin telephoniert, und da man mir sagte, Du wärst wie üblich schon über Sonntag verreist, so nehme ich ohne weiteres an, daß dieses Schreiben Dich findet. Wir hatten verabredet: morgen um vier; ich kann erst um sechs Uhr kommen. Einverstanden? Wenn nicht, so klingle vormittags an, Moabit 4960. Treffpunkt bleibt Café Göttl. Mündlich mehr und

auf Wiedersehn.

Gerd.

Also von Apitz. Sie überlas noch einmal die Worte; sie schienen ihr unerklärt. Café Göttl, ja, das stimmte. Doch Albert wollte pünktlich um elf den Schulkameraden treffen, und der schwatzte von einer Verabredung um vier Uhr nach Tisch? Was war das? Ein schlichtes Mißverständnis? Betrug? Und Albert hatte sie doch verraten, hatte Nacht und Umarmung preisgegeben, sie rücksichtslos vor dem Freunde entblößt, in Briefen oder am Fernsprechkasten; denn woher wußte der fremde Mensch sonst ihren Wohnort und Namen? Sie krauste verdrossen die Stirn.

Sie stütze die Arme gegen den Tisch, verschränkte die Hände im Nacken und starrte auf dieses Blättchen Papier, als könnte und müßte es ihr gelingen, in jedem harmlos alltäglichen Satz verborgenen Sinn zu entdecken. Selbst eine eifersüchtigere, selbst eine wachsamere Geliebte hätte vielleicht aus eigner Erfahrung an Kuddelmuddel geglaubt. Man telephoniert eine halbe Stunde mit seinem guten Bekannten herum; ich kann nicht um vier kommen, er nicht um fünf, und wir wollen doch gerne zusammen sein, und schließlich legt man den Hörer nieder, ohne daß einer nur richtig weiß, was der andere mit ihm vereinbart. Zu Alberts Fehlern zählte nicht der, die Dinge entzweizureden. Doch mochte Apitz so ein Verwirrer, ein Hin- und Herhüpfer sein. Der Gedanke kam Martha nicht. Sie war gewöhnt, wenn sie einst ihren Mann und jetzt ihre Partnerin angerufen, sich möglichst kurz und bündig zu fassen, zu sagen, was eben nötig schien; nie fiel es ihr ein, mit dem Unsichtbaren sich recht gemütlich, die Muschel am Ohr, ins Plaudereckchen zu setzen. Und wenn nun Albert elf Uhr gesagt und wenn Gerd Apitz vier Uhr geschrieben: sie waren doch keine törichten Kinder und plapperten nicht aneinander vorbei; da saß eine Lüge. Wie die häßliche Made in anscheinend klarer, bekömmlicher Frucht. Sie zehrte, sie fraß.

Martha kehrte ans Fenster zurück, begann das vorgetuschte »MW« in den Handtuchzipfel zu sticken. Dies Nadelstechen und Fadenziehn, die gleichmäßige Gebärde der Hand beruhigte sie ein wenig. Sie bückte sich nach der verlorenen Strähne und flüsterte: »Es ist gut.« Dann aber wurden ihre Finger mählich träge und träumten; sie tat nichts mehr.

Sie hatte das schon bedacht. Dies Ende. Sie hatte es mit dem Verstande umgrenzt, die Frist mit dem Zollstab gemessen. Wie lange würde sie währen? Sie meinte damals: Nicht lang. Zwei Wesen von gleicher Art und Reife mögen die Hände zusammentun, sich nie voneinander mehr scheiden. Wir können das nicht. Er ist soviel jünger als ich. Und als er zu mir kam, mich begehrte, da war wohl das kätzchenhafte Geschnurr einer andern ihm schon zuwider. Meine Stille und diese starke Glut werden ihn auch ermüden. Er wird als nächste ein Knöspchen wählen, ganz frisch, ganz fröhlich und leicht. Kränkt mich das? Nein. Ich liebe ihn nicht. Ich liebe sein Haupt an meiner Brust, ich will seinen Mund, die Lende. Er soll mir auch leisten, was ich gefordert, mein Wort führen, meine Wege gehn, den Mörder meines Kindes verderben, und dafür will ich ihm lohnen. Das ist eine glatte Rechnung ... Sie dachte: Nun ist es so weit. Er hat mich getäuscht. Erst am Nachmittag trifft er den Freund, vormittags trifft er ein Mädchen. Vielleicht dieses niedliche Fräulein Lill aus der Fehlandt'schen Abendgesellschaft. Darum die große Eile. Nun ist es so weit. Ich habe alles vorausgesehn und berechnet. Muß ich jetzt aus dem Himmel fallen und unglücklich sein?

Sie nahm mit einer entschloßnen Bewegung die Handarbeit wieder auf. Er hat mir wenig genützt. Er hat nichts erreicht. Er hat sich anfangs Mühe gegeben, mir zulieb, das erkenne ich an, vielleicht auch, weil es ihm gerade gefiel, ein bißchen Detektiv zu spielen; aber sein Eifer ist schnell erlahmt, und ich hab ihn nicht recht mehr getrieben. Er wurde immer leicht ungeduldig, wenn ich ihn mahnte. Es ist gleich. Er hat mir gedient. Er hat ausgedient. Was man nicht mehr braucht, fliegt zum Müll. »Er kann gehn, meinetwegen«, sagte sie laut, wie um den Gedanken fest vor sich selbst zu behaupten. Was sie nicht wußte: sie seufzte.

Sie seufzte und blickte hinaus. Flocken fielen. Sie sanken so groß und selten und weich wie zarteste Blumen auf eine weiße Decke. Nackte Strauchruten prangten als Sträuße. Die niedren Mahoniebüsche standen mit ihren gefransten Schneekapuzen wie zwergige Weihnachtstannen. Und weiße Schlangen krochen sanft auf den kahlen Ästen der Bäume. In der Spitze vorm Himmelsgrau saß ein Vogel, sehr mächtig; nun schwankte er fort. Eine Elster. Im Tiefen tappte ängstlich ein Mann mit seinem Hunde.

Ein kleiner alter, zittriger Mann mit dickem Halstuch und langem Rock: Martha hatte ihn nie zuvor in diesem Park gesehen. Alle drei Schritt hielt er mühsam inne, nickte wunderlich vor sich hin, kratzte irgendwie mit dem Krückstock an den Stämmen oder im Schnee, und sie meinte sein Hüsteln zu hören. Der Hund war ihm ähnlich. Ein pinscherhafter mickriger Bastard, der matt und steifbeinig neben ihm lief, mit in die Schulter eingeducktem spitzschnäuzigen Kopfe. Und der kraftlose Greis und das mißfarbne Tier verloren sich in der Einsamkeit dieses verschneiten Gartens. Martha sah ihnen nach und wurde sehr traurig. Sie hätte ihr müdes Gesicht in die Hände legen mögen und schluchzen.

Sie schaute träg in der Stube umher; auf dem Tische lag noch das Schreiben. Sie ging und nahm es, zerriß es in Fetzen, verbrannte die Schnipsel im Herd. Wenn Albert fragte, so hätte sie nur ein paar nutzlose Zeilen vernichtet. Er würde vielleicht nicht fragen.

Sie besorgte ihr Mittagbrot. Es war nicht viel. Leipziger Allerlei, ein Schnitzel, ein Tellerchen Apfelmus. Sie setzte sich an den Küchentisch und schob die Speise in ihren Mund, achtlos, um nur eben satt zu werden, ohne Freude am Essen. Dann spülte sie gleich das bißchen Geschirr, verstaute es in die Fächer. Sie stand auf der Schwelle und sann.

Sie trat an den größeren Schrank im Flur und stöberte, bis sie's entdeckte. Ein rechteckig flaches eingewickeltes Wesen. Das trug sie ins Zimmer und saß mit ihm nieder, umständlich, etwas erregt. Sie löste behutsam das Seidenpapier, die zwiefache Hülle. Sie hielt es und schaute es an. Ursas Bild.

Zum ersten Male. – Martha hatte es aufgenommen, nicht lange vor ... jener Zeit. Sie hatte es damals gleich fortgepackt, es nie mehr betrachtet. Ursa war soviel muntrer und schöner, wärmer und kräftiger, soviel lebender als das Ding. Erst da sie ermattet im Totengarten unter der gelben Rose schlief, gedachte Martha die Photographie wieder hervorzusuchen. Sie tat es nicht. Die Photographie war gut. Und ihr bangte davor. Sie fürchtete, daß dieser glatte Abdruck sich einschleichen würde, tückisch, voll List, unmerklich in ihr Gedächtnis, vertreiben das arme gemarterte Kind, das immer doch in ihr war und lebte, an seine Stelle sich drängen. Sie traute ihm nicht. Und darum ließ sie ihn eingekerkert im Dunkel wie einen Bösen. Was zog sie ihn jetzt ans Licht?

Er sollte ihr helfen.

Ihr Kind war fort. Nein, nicht fort, nur weniger nah, nur weiter hinabgegangen. Sie gewahrte es noch, schon etwas entfernt und minder deutlich die Züge. Sie hatte es vorhin angerufen, es zu befragen: was muß ich tun? und es hatte die Rufe nicht gehört, ihr keine Antwort gegeben. Da bat sie die Photographie. Und hielt sie wie eine Reliquie, ein wundertätiges Heiligenbild, mit dessen Anblick, mit dessen Berührung die darbende Seele sich speist. Sie hoffte und schwieg.

Das moosgrüne Sammetkleidchen. Die Mutter hatte, es besser zu schmücken, ein zierliches Kettchen ihm umgelegt mit einem güldenen Herzen. Frau Hoffmann setzte es auf den Schemel und schenkte ihm einen Keks. Sie musterte, wiegte den Kopf. »Nein«, meinte sie, »das wird nichts im Sitzen; iß auf und komm her.«

Das Kind gehorchte.

»Was möchtest du denn von meinen Sachen gerne wieder mal sehn? Die Kugel?«

Ja, die Kugel. Sie war von Glase, wassergefüllt, und in dem

Wasser wohnten die Fische und eine richtige Schlange. »Hier – laß sie aber nicht fallen.«

Das Kind nahm sie sorgsam mit beiden Händen und schüttelte sie ein wenig; da schwammen die bunten Fische umher, und die Schlange begann sich zu winden. Die Schlange war braungesprenkelt. Die Fische gleißten mit prächtigen Schuppen blau und silbern und rot.

»Jetzt guck die Mutter erst an.«

Es schaute empor, und das schwanke Geglitzer, diese farbige Spielzeugfreude, ließ einen Abglanz auf seinem Gesicht, ein stilles himmlisches Lächeln. Martha bannte es fest. Die Hände drehten den Glasball noch immer, das Köpfchen . . . o Gott. Wie lieblich es war und lieb . . .!

Nein. Sie seufzte. Sie legte mit schlaffer, enttäuschter Gebärde das Bildnis aufs Fensterbrett. Es war nicht gekommen. Es war nicht gekommen, was sie so innig erharrt. Dies Knien, Versinken vor totem Glück, dies Ansichpressen, Ergriffensein von einer brennenden Welle. Dies Überflutetwerden. Nein. Sie war nicht erschüttert. Sie weinte nicht, warf nicht stöhnend sich hin und küßte den fühllosen Mund. Sie . . . sie wußte nicht, was sie empfand. Sie war leicht bewegt: wie treibendes Holz von einem Binnengewässer.

Sie nickte, stützte die Stirn. Es ließ sich wohl nichts erzwingen. Ursa war weit, und die Qual war weit, die leidenschaftliche Trauer. Sie käme, mag sein, eines Tages zurück, wenn die Mutter gar nicht mehr suchte. Sie sah fort. Die Flocken krimmelten dichter. Sie hüllte sich wärmer ein und ging und wanderte durch die verstummten Alleen im Schneegestöber, allein.

4

»Ich möcht aber wirklich nicht stören.«

»Frau Beucker, Sie stören auch nicht. Treten Sie näher.«

»Ich komm Ihnen sicher gerade ins Abendbrot –«

»Nein, ich habe gegessen.« Sie führte das alte Frauchen ins Zimmer, schob es ins Sofa ein. »Ja«, entschuldigte es sich weiter, »ich hätt schon zu andrer Zeit vorgesprochen; aber ich hab mir gedacht, die Frau Wolg, die findet morgens doch keine Ruhe, und nachmittags ist sie nicht da. Ich bring wieder mal einen Zettel zum Unterschreiben.«

»Ach... die Beleuchtungsgeschichte?«

»Ja, es soll jetzt endlich was werden mit dem elektrischen Licht. Mein Schwiegersohn hatte sich doch erkundigt, und neulich hat uns der Installateur einen Kostenanschlag geschickt. Es macht sich... Ich bin mit der Sammelliste fast 'rum; sogar Drachs wollen diesmal bezahlen...«

Martha nahm und studierte den Bogen, holte Tinte her, unterschrieb. »Hier steht mein Name. Deswegen brauchen Sie aber nun nicht gleich wieder davonzulaufen. Sie sehn, ich stopfe. Leisten Sie mir Gesellschaft.«

Das war kein bloßes Anstandshalbergerede. Den Haufen grauer, wolfshungriger, schleichender Gramgedanken, der im Finstern sich sammelte, sie bedrängte, den sollte das Weibchen mit seinem freundlichen, unerregsamen Schwatz verscheuchen, wie eine Helle, ihr eigenes Lämpchen, das warm und altmodisch schien. Sie stellte ein Schächtelchen Schokolade als kleine Aufwartung hin und stichelte weiter, während Frau Beucker des Hauses belanglose Wichtigkeiten, seinen ungefährlichen Klatsch verriet, der Martha erheiterte, ohne sie viel zu bekümmern. Ja, Drachs, »die Drachen«, glaubten wohl beide, nun endlich den passenden Bräutigam für Fräulein Tochter gefunden zu haben; der Schönste und Jüngste wär es zwar nicht, irgendein Kaufmann in Friedrichshagen – von hier aus der nächste Weg... Martha zog sich den Nähkorb heran und fragte ganz unvermittelt:

»Und Elschen ist wieder gesund?«

»Elschen? Ja, gottseidank. Sie geht schon seit gestern zur Schule.

Es war wohl ein kleines Schnupfenfieber, wie das die Kinder so kriegen.« Und plötzlich schwieg sie und blickte die Fragerin sonderbar aufmerksam an.

Das dauerte einen Augenblick nur, sie wollte ihr Rädchen frisch schnurren lassen, da griff ihr Martha hinein:

»Geht es der Kleinen nicht gut? Sie machten eben ja solche Augen, was ist denn, reden Sie doch!«

»Ich –«, die Alte hüstelte, zupfte verlegen an ihrem weißen Haar, und ihre Apfelbäckchen wurden noch röter. »Ich dachte mir nur ... Frau Wolg ...«

»Ja?«

»Sie dürfen aber nicht böse sein, wenn ich das sage ...«

»Nein.«

»Ich meinte bloß ... Früher ... Früher, da hätt ich mich gar nicht getraut, Ihnen was von dem Kind zu erzählen.«

Martha erwiderte hart: »Ja, früher. Ich weiß, da hab ich immer was angegeben, mich immer gleich aufgeregt ... Aber jetzt ist das Trauerjahr vorbei, da darf man die Toten vergessen. Ein Kind ... was ist das schon für die Mutter!«

Das Weibchen wollte beschwichtigen, streichelte ihr den Arm. »Ach, nun sind Sie beleidigt. Das war doch nicht so gemeint ... Ich hoffte bloß immer ... ich hab schon so oft zu meiner Tochter gesagt: Der armen Frau wär es wirklich zu gönnen, daß sie mal ruhiger wird. Die Zeit, die tröstet ... Deswegen vergißt man nicht. Es geht ja doch nichts verloren. Man hat einen Engel beim lieben Gott, und den findet man einmal wieder. Glauben Sie's nur.«

Ihre blauen Augen schimmerten licht in einer Weihnachtsverheißung.

Martha zögerte eine Sekunde.

»Sie reden von tröstender Zeit. Von dem anderen Trost erwähnen Sie nichts; daran denken Sie aber. Sie wissen doch, ich hab einen Freund, einen Geliebten. Ja, das wissen Sie schon, und deshalb denken Sie schlecht über mich!«

»Ich denke nicht über Sie schlecht, Frau Wolg«, sagte Frau Beucker leise. »Ich versteh das. Sie sind ja noch eine junge Frau, eine kräftige Frau ... Das – das mußte wohl kommen. Es wäre vielleicht am besten für Sie, wenn Sie noch mal heiraten könnten. Bloß ... der Herr ist wohl jünger ...«

»Sie haben ihn schon gesehn?«

Die Alte verwirrte sich. »Ja... flüchtig... Das heißt, mein Schwiegersohn ist ihm neulich abends begegnet.«

»Wo? Hier?«

»Ja.«

Martha suchte zu lächeln. »Ja, er ist jünger als ich. Sie wissen, die Treue der Ehemänner splittert auch so schon immer leicht ab, und dann noch mit einer älteren Gattin...«

Die Besucherin nickte. Sie muckste nicht, doch ihr Gesicht verriet, daß sie noch gern etwas auspacken wollte, daß Schwatzlust mit Ängstlichkeit kämpfte. Der ersten kam Martha zu Hilfe:

»Frau Beucker, da steckt noch mehr. Sie haben noch irgendwas auf dem Herzen, was heraus möchte; sagen Sie's nur.«

»Aber... Sie waren schon einmal gekränkt.«

»Ich will es nicht wieder sein. Das verspreche ich Ihnen.«

Die Alte räusperte sich. »Ich hätt ja nicht selbst davon angefangen, bloß weil Sie mich eben fragen... Es ist... es war nur... mein Schwiegersohn hat neulich doch Ihren Herrn getroffen... und ziemlich nah an Roßkaempfers Zaun, da, sagt er, da hat ein Auto gehalten... ein dunkelgrauer sehr schöner Wagen... nein, nicht ganz dunkel, mehr silbrig... und eine junge Dame im Pelz ging immer so auf und ab... Und...«

»Und er ist mit ihr eingestiegen? Am Donnerstagabend, nicht wahr?«

»Ja. Ach, dann war das wohl –«

»Raten Sie, wer? Seine Schwester!« Sie lachte. Wie unnatürlich das klang. Aber die Alte stellte sich so, als ob sie nichts merkte.

»Na, dann ist es ja gut. Man zerbricht sich schon manchmal unnütz den Kopf wegen ganz einfacher Sachen. Nachher klärt alles sich auf. Ich sagte auch meinem Schwiegersohn gleich, man muß nicht das Schlimmste denken.« Wer weiß, mit wieviel Leuten im Hause sie sonst noch den Fall beklatscht.

Sie stand auf. »Jetzt muß ich mich aber doch auf die Socken machen. Es ist ja auch Schlafenszeit. Die drüben werden schon lauern.«

Martha hob die Lampe vom Tisch, geleitete sie hinaus.

»Also, Frau Wolg, Sie nehmen mir das nicht übel?«

»Durchaus nicht, nein.«

»Gute Nacht, Frau Wolg.«

»Gute Nacht.« –

Seine Schwester, Stiefschwester. Ein junges Mädchen, ein silberblondes zwanzigjähriges Mädchen; sie lernte jetzt auf einer Landwirtschaftsschule irgendwo bei Eutin. Ein frischer, einfacher, etwas hausbackner Mensch, tierlieb, feldfreundlich, kräftig. Albert hatte ein nettes Geschichtchen aus ihrer Kindheit erzählt.

Die beiden Herzchen, die kleinen Freundinnen, saßen zusammen am Bach. Albert, der große Bruder, kam zufällig hin: »Na, was macht ihr denn, Küken?«

»Wir angeln.« Und jedes zeigte stolz einen Stock mit einer dicken Strippe.

»So könnt ihr doch aber nichts fangen! Da muß ein Haken dran, ein ganz spitzer, mit einem Regenwurm; danach schnappt der Fisch, und dann spießt er sich auf und bleibt hängen.«

»Tut das den Fischen nicht weh?«

»Na ja ... Das läßt sich nun mal nicht ändern.«

»Dann angeln wir lieber so.«

Er lächelte beim Erinnern. »Der menschlichste Angelsport. Ich hielt sie damals für dumme Gören; aber sie hatten ganz recht. Die meisten Sonntagsangler, die nichts oder vielleicht ein paar Quappen erbeuten, sollten dasselbe tun. Eine Rute nehmen mit einer Schnur und sie ins Wasser halten. Das freute sie schon genug ...«

Martha griff seine Hand. »Ursa hätte das auch so gemacht ... sie durfte nur nicht ans Ufer ...«

Ursa ... So dachte sie einen Augenblick nur, da sie die fertige Wäsche besah, das Stopfzeug beiseite räumte. Dann wieder: Seine Schwester! Wer mochte die Dame sein? Am Ende doch Fräulein Lill? Er hatte auch öfter eine Bekannte seines Freundes Apitz erwähnt, eine Schönheit: eine geschiedene Frau. Sehr reich, verwöhnt, aber sehr empfindlich und alle paar Wochen krank. Auto und Pelzmantel waren ihr zuzutrauen.

Sie starrte, löste grübelnd das Haar, warf die rinnenden Strähnen zurück. Mußte sie denn ein erblicktes Gesicht, einen bestimmten Namen vermuten, war die Feindin nicht eine Wildfremde? Blitzender Filmstern, verlockende Schauspielerin? Mit gepflegtester Wohnung, kostbarstem Schmuck, mit Äffchen und Kätzchen und Reisen zu zwein nach St. Moritz und an die Riviera? »Ich könnte auch diesen Sommer verreisen«, meinte sie plötzlich, »und nicht bloß ins Erzgebirge oder nach Rügen...« Sie war mit Ursa vorletztes Jahr auf Urlaub in Binz gewesen; sie hatte träge im Strandkorb gelehnt, an grünlich glitzernden Wellen träumend, und Ursa hatte mit anderen Kindern im weißen Sande gespielt, hatte Muscheln gesammelt, Burgen gebaut, Kanäle und Teiche gegraben. Oder sie war an der Mutter Hand in ihrem krebsroten Badehöschen furchtlos ins Kühle gehüpft. Es hatte sicherlich öfter geregnet, die Kleine verdarb sich auch einmal den Magen, und Martha bewahrte doch aus der Zeit das Bild eines blauen Himmels, ein Glänzen von Meer und Strand und Sonne, von wunschlos friedlichem Glück. Ach ja, überlegte sie beim Entkleiden, Frau Beucker hatte schon recht. Früher, wenn ich daran gedacht, das hätt mir das Herz zerrissen. Jetzt bleib ich ruhig... Ich möchte mit Albert irgendwohin fahren, wo es heiß ist und strahlend, wo Palmen sind, wo man papageibunte Seide trägt, blau und grün und orange, nach Andalusien, Nordafrika, nach den Kanarischen Inseln. Ich würde ihn da sehr lieben. Ich lieb ihn schon so... Ach was. Ich liebe ihn nicht. Ich würde mit einem anderen auch so – auch so zufrieden sein. Wir gingen nach Spanien im Herbst. Marie Fehlandts Großmutter stammte aus Vigo. Wo das eigentlich liegt...? »Solange Méthivet de Vigo«, sagte sie halblaut hin. Ein farbiger Name. Scharlach und goldner Brokat.

Sie zog die Strümpfe trödelig aus und wusch ihre schönen und kräftigen Füße in einer blauen Schüssel. Das lauliche Wasser wärmte so leise, tat wohl. Und während sie sich mit dem Seiflappen bückte, sah sie die kleine Französin wieder, die Fehlandt mit ihren Sprühteufelaugen, ihrem krausen pechschwarzen Schopf. Knallbonbon, dachte sie. Vielleicht war *die* Alberts Heimlichkeit und sein Vergnügen?

Sie zuckte unwirsch, fast wütend die Achseln, ärgerlich über sich selbst. »Ich werd mich um seine Dämchen noch kümmern; mag er liebeln, mit wem er will...!« Der Lappen plumpste mit einem Klatsch in die spritzende Feuchte nieder. Und während sie mit dem Handtuch rieb, wiederholte sie flüsternd doch die Silben, sie kostend wie eine Frucht: »Solange... Solange Méthivet de Vigo.« In Lyon war sie aufgetreten. Lyon: was zeigte ihr das? Ein paar Buchstaben, die nichts herzaubern mochten; die Stadt blieb im

Nebel. Aber sie schaute dies dunkle Mädchen: wie eine Carmen vielleicht, um die Schultern ein gelbliches Fransentuch, eine Rose zwischen den Lippen. Und wie sie tanzte, in Leidenschaft wild, hinreißend, brennend... Und die Umarmung, die Hingabe dann war nur gesteigerter Tanz, Raserei, Taumel... Und plötzlich jenes Erkennen, die Angst... und endlich Erliegen, Flucht in die Höhle der schmierigen alten Frau... Martha gelangte doch nicht dahin, das alles sich vorzustellen. Sie hatte wohl auch gerungen. Sie hatte für Ursa das Brot geschafft, sie hatte Mühen und Einschränkungen, Krankheit und Sorge gekannt. Nicht Not. Nicht Elend. Ich hätte es ausgetragen. Ich hätte mich abgeplagt, durchgehungert, ich hätte mit ihm zu leben versucht; es gibt vielleicht ein Erbarmen. Wenn nicht... Dann wäre ich mit ihm gestorben. Ich hätte es nicht getötet. Nie.

Sie warf den Kopf zurück, harrte aufrecht, mit drohend entschlossenem Blick. Die rötlichblassen Photographien betrachteten sie von der Wand herab aus ihren schwarzen Rahmen. Ein jüngerer Mann mit schmalem scharfen, nachdenklich-ernsten Gesicht, seine kleine, unbedeutende Frau, eine blonde Jüdin. Sie sahen die Tochter seltsam an, der Vater sprach es aus, und die Mutter nickte nur schüchtern dazu:

»Du lügst. Auch du hast dein Kind ermordet.«

Martha erschrak. Das hatte noch nie eine Stimme gesagt; sie erfuhr es zum ersten Male. Der lähmende Trank ward zurechtgemischt und ihrem Kinde gegeben. Dann war es entschlafen... Ja... Hatte sie, die Verzweifelnde, das getan? Hatte sie das tun müssen? Sie sann. Frau Ramtows Trostgeschwätz fiel ihr ein: Daß der Arzt und die Schwestern am ersten Tag schon ohne Hoffnung gewesen. Und die Schwester drückte nachher ihre Hand: »Frau Wolg. Ich darf Ihnen nur das Eine sagen: es ist noch am besten so.«

Es ist noch am besten so. Das hatte sie damals geglaubt. Hatte sie recht, hatten alle dort recht: ihr Kind war nicht mehr zu retten? Sie schien so fest davon überzeugt, daß sie noch keine Zweifel seitdem, Gewissensbisse empfunden. Sie hatte den Unhold nur »Mörder« genannt, ohne sich je zu bedenken!

»Mörder – bist du.«

Die Eltern starrten sie an. Sie bewegte unwillkürlich die Lippen, als ob sie sich wehren, verteidigen wollte; aber sie schwieg. Sie raffte sich auf zu trotzen: Es ist nicht wahr. Klapp' zu. Und hielt doch in Händen ein leckes Gefäß; sie mochte den Deckel schließen und pressen, daß es nicht seinen Inhalt verschütte; durch einen Sprung, eine jähe Rinne quollen die Tropfen hervor. Ich dachte: Ursa *kann* nicht vergessen. Ich dachte: Ursa wird nie wieder heil. Ich dachte: Die Menschen hier wissen es wohl; Ursa quält sich zu Tode. Ich mußte mein Kind so leiden sehen und habe es eingewiegt. Ich dachte: Es war gut. Und nun? Wenn wir irrten? Ärzte und Pflegerinnen sind sterblich, kurzsichtig, machtlos, beschränkt. Ich auch. Wie, wenn das Kind sich erholt? Wenn wir uns alle betrogen? Wenn Ursa dennoch genesen wäre, trotz dieses Furchtbaren wieder genesen ohne mein – meine Tat? Oder mein – Verbrechen? »Nein«, stammelte sie mit gekrampften Fäusten, »nein . . . nein . . .!«

Die nackten Füße am Schüsselrand glitten, schlugen ins Wasser. Das brachte sie zur Besinnung. Sie packte das Handtuch und rubbelte sie zum zweitenmal wieder trocken. »Ich will noch ein Stück Schokolade essen«, sagte sie laut und tat es sogleich, als müsse diese gewöhnliche Handlung und dieses gemeinverständliche Wort sie aus ihrem Wahnnetz lösen. Dann aber, als sie zum Spiegelschrank trat, das Kästchen hineinzustellen, schwankte ein fremdes Weib ihr entgegen, ein schweißig glänzend gedunsnes Gesicht und stiere, entsetzte Augen.

5

Sie gingen in einem Schleier. Sie gingen in einem durchscheinenden Häutchen, das unfühlbar lose um sie hing und das mit dem dicken, dumpfenden Nebel aus Herbstagen eben den Namen nur teilte. Es lief mit ihnen wie eine Wand, rings ihre Schritte umbauend, es trennte sie von der faßlichen Welt und zeigte ihnen durch zartes Gespinst eine unwirkliche, verwunschene Landschaft, hingehauchte Pastelle. Den Himmel von glimmendem Graulichweiß und weiße, schwere, rieselnde Flocken und leere Alleen, verschneite Gärten mit Baum- und Buschwerk wie fiedrig weiße, aufgeplustert geduckte Vögel und schwindende Villen, geschweifte Giebel wie bleiche Hauben von Nonnen. Dort lag am aufgerissenen Damm ein Haufen Pflastersteine verschüttet, kantiger weißer, als Würfelzukker für eines Riesen Büchse. Martha und Albert rührten zuweilen einander mit Händen an. Sie waren die einzigen groben Körper, die einzig alltäglich Lebenden in diesem Märchenbuche. Die einzigen nüchtern Dunklen. Denn um sie sank eine unnatürliche, glostende Helligkeit ohne Sonne, kein Leuchten, kein Strahlen: Schnee.

Albert fing wieder an:

»Man fährt über Stendal. Übrigens steig ich in Spandau zu, das geht auch. Du kennst es nicht? Es soll eigenartige alte Bauwerke haben.«

»Spandau?«

»Tangermünde! Ich rede noch immer davon.«

»Ja.« Sie schloß die Lippen.

»Du bist nicht gesprächig heute. Nicht gut gelaunt. Müßt' ich dich auffordern mitzukommen?«

Sie schüttelte nur den Kopf.

Es war stärker als sie. Albert war nie ein Schwätzer gewesen und log und schwindelte unausgesetzt von einer Reise, die nicht erfolgte, die, tat er sie doch, ganz anderen Dingen als seinem Berufe galt. Sie ertrug das nicht. Wenn er sie schon verlassen wollte, warum konnte er dann nicht schweigen? Einfach sagen: »Ich reise«? Sie hätte sich eher die Zunge zerbissen, als nach dem Wohin gefragt.

Sie blickte seitwärts. Von der Freitreppe über den Rasen glitt

Weiche, makellos rein, so keusch. Zwei drudenhafte, mächtige Tannen schauerten ferne, schneeüberschlackt, -überflossen.

»Ich weiß nicht, was du hast«, meinte er grimmig. Ihr Verstummen erbitterte ihn. »Hab ich mich irgendwie versündigt, dann bitte heraus damit! Ich bin mir zwar keines Fehls bewußt; aber man kann auch nicht jedes Wort auf die Goldwaage legen.«

Er wartete. Er trampste ein paarmal kräftig auf, trat das Schneegeklump sich vom Hacken. »Ein Weibergeschmoll ohne Grund. Schön. Ich hab dich zwar anders eingeschätzt; aber – na...!« Er schlug mit verächtlicher Gebärde die Flocken von Achsel und Brust. Sie schritten zu ohne Worte.

Eiserne Zaunmaschen, flaumig besprinkelt, zierten wie Filigran. Ein Backsteinbau, düster rotviolett, aus engen, tiefliegenden Fenstern blickend, mit schwarzem Steildach stand einsam, schwer in kahler, schneeiger Fläche. Martha liebte winters dies Haus. Es türmte im hohen Norden sich wo an einer Küste der wilden Schwäne, der eisgrün gläsernen Wogen. Es dräute so meilenfern. Der finstere Rabe, der hundertjährige, flatterte riesig von seinem First krächzend in Öde.

Albert sagte:

»Jetzt kehren wir um. Es ist Zeit für mich. Ich komme nicht gern erst in letzter Minute zum Zuge. Hier versäum ich nicht viel. Nur das: eine Frau mit mir weiterzuzoddeln, die den Mund nicht auftut, bloß weil sie bockt wie ein ungezogenes Kind.«

Martha war stehen geblieben. Sie sah ihn voll an. »Ich glaube dir nicht.«

»Was glaubst du nicht?«

»Alles.«

»Die Reise –?«

»Auch.«

Er lächelte siegesgewiß. »Dacht' ich mir schon. Die Weiber sind alle gleich. Man darf sich keine zwölf Stunden entfernen, sonst ist die Eifersucht da. Lies.« Er holte die Brieftasche aus dem Mantel, zog ein weißes Papier hervor. »Lauma & Sohn.«

Sie nahm es nicht an. Sie wandte sich, widerwillig, so müde: »Gut. Ich hab das erwartet.«

Und ließ ihn mit seinem Schreiben am Wege, ging fort. Er steckte es ein. Eine dunklere unheilverkündende Röte überglomm sein

Gesicht. Aus den blaßblauen Augen, kleinen Pupillen schoß hartes, feindseliges Blitzen.

Er marschierte rasch hinterdrein. Als er auf gleicher Höhe war: »Martha.«

»Ja.«

»Ich möchte dir nur etwas Wahres sagen: Ich *fahre* nach Tangermünde. Ich fahre *allein* und *geschäftlich* nach Tangermünde. Ich lüge nicht. In diesem einen Fall hast du unrecht. Im übrigen ... hast du recht.«

Martha erbebte im Herzen. Sie hatte das wohl gewußt. Nun war ihr, da er es ausgesprochen, als hätte sie selbst ein Wort hingesetzt, das sie nicht mehr zurücknehmen konnte. Als hätte sie hinter sich eine Tür auf immerdar zugeschlagen. Als sei etwas mitten durchgerissen, ein Seil, daran sie sich festgekrallt, ein Vorhang vor ihren Blicken. Sie blieb im Leeren, im Weiten, taumelnd. Er merkte das nicht. Sie hätte ihm endlich Rede stehn, sich wider ihn auflehnen müssen. Daß sie es scheinbar noch immer verschmähte, stachelte seinen Zorn.

»Du hast es natürlich längst geahnt, und es macht keinen Eindruck auf dich ... Desto besser. Ich muß bekennen, daß *meine* Entdeckung mir schmerzlicher war. Ich hatte mir wie so ein dummer Junge doch eingebildet, daß du mich liebtest –«

»Ich liebe dich«, sagte sie leise hin mit seltsamer Stimme.

»So? Ja – natürlich. Wenn du's nicht tust, hast du keinen mehr, der für dich rennt und springt wie ein abgerichteter Pudel. Ich bins satt. Jetzt wirst du dich aufspielen, daran erinnern, daß du mir gleich bei dem Handel erklärt, wozu du mich brauchen könntest: den Mörder deines Kindes zu suchen und ... Ich bin ja dann auch für dich 'rumgestrolcht, hab da vorgesprochen, dort angeklingelt, hab mich mit Krethi und Plethi getroffen und noch immer geglaubt, ich elender Narr, du würdest zum Dank etwas mehr an mich wenden als ab und zu eine Nacht im Bett ... etwas Freundlichkeit ... Wärme ... du hast offenbar keine andre als die, die zwischen den Schenkeln heiß macht ...«

Ein Zittern. »Hör auf ...!«

»Gleich. Nur eine Wahrheit sollst du noch hören, eine sehr dreckige Wahrheit: Du bist eine Dirne. Ein Freudenmädchen, sonst nichts. Ich lauf als dein Spürhund; damit bezahl ich, und dafür schläfst du mit mir. Nicht wahr? So ist es doch? Die Rechnung ist glatt. Mit einer Nutte macht man nicht viel Geschichten. ›Ewige Treue‹, ›Seelenbund‹ und so weiter. Man legt sein Geld hin, knöpft sich den Anzug zu, geht. Da liegt dein Geld!«

Er schmiß die gemeinen, schändenden Worte, als wolle er alles nur recht zerschlagen, daß nichts zu kitten mehr sei.

Er drehte sich einmal noch um, zurück. »Gib mir die Schlüssel.«

»Schlüssel...?«

»Die Wohnungsschlüssel. Gib her. Ich werde vorgehn. Meine Sachen zusammenpacken.«

Sein Ton klang absichtsvoll barsch und befehlend. Sie nestelte das Bund aus der Tasche und reichte es hin. Sie sah nicht mehr, was sie tat. Sie hatte den Willen und das Gefühl nicht zu weinen; ihre Augen waren doch blind. Sie bewegte sich, machte wohl Schritte. Er holte scharf aus. Als Martha ihr Gesicht wieder fand, war er im Nebel ertrunken. –

Lautlos umsummten sie Flocken. Sie ging und ging. Schleichende, müde Alleen verschwammen seicht in dunstiges Meer. Schweigende Eilande dunkelten ein; die ersten Lampen öffneten gelbe lidlose Augen. Ein großes Gezweig hing tragend tief auf Gitterstäbe hernieder. Martha streifte es leicht. Es flüsterte, warf ein paar weiße Blumen über sie wie ein Geschenk, wie die Liebkosung einer Schwester.

6

Sie eilte. Mit gleitenden Schultern, vornübergebeugt, die Fäuste eng unters Kinn gepreßt, wie um das sinkende Haupt zu stützen, ging sie die Stube auf und ab, rastlos, ein Tier im Käfig. So schreitet der Tiger hin und her, her und hin zwischen kalten Mauern, mählich verflackernd in rußschwarz sengender goldener Flamme. So verzehrte sie sich. Einmal trat ihr ein Stuhl in den Weg; sie schlug die Krallen um seine Lehne, als wollte sie ihn zerbrechen; dann ließ sie ihn, wanderte fort. Und sann.

Immer wieder und immer wieder: Warum hab ich das nicht getan? Warum habe ich ihm, eh er sich abgewendet, nicht doch zwei Worte zu geben versucht, ein verzeihendes und eine Bitte? Er kam mir vor der Grazietta entgegen, den Ausflugskoffer in einer Hand, mein Schlüsselbund in der andern. »Ich bin oben schon fertig«, sagte er kurz, nun ruhiger als zuletzt, »ich hab, glaub ich, nichts vergessen. Wünsch mir glückliche Reise.« Er griff an den Hut: »Leb wohl.« Und Martha sah ihn die Gasse hinan mit kräftigem Schritt sich entfernen. Sie stand und schwieg.

Und dann war sie endlich in ihrem verdämmerten Zimmer. Allein. Er war ja fort; er reiste. Aber sie schaute ihn großäugig an, sprach langsam: »Geh!« Da schied er, der schon gegangen war, da hatte sie Ruhe.

Nicht lange.

Sie konnte schon in der Nacht nicht schlafen; sie tastete sinnlos das Bettuch ab, sie streichelte es mit irren Fingern: plötzlich schluchzte sie auf. »Komm«, wiederholte sie, »komm ... Komm!« Keiner kam. Da ließ sie die bettelnden Arme sinken und sagte laut und still: »Es ist aus«, und drehte sich auf die Seite.

So kämpfte sie Tage. Nicht Tage; bei Tag hielt ihr Arbeit die Hände und, minder zwar, die Gedanken fest; sie rang in Nacht mit dem Manne. Sie verschleuderte ihn wie ein Kind seine Puppe, trotzig: »Da liege. Ich kann wohl auch ohne dich sein.« Sie stieß ihn mit einem Fußtritt beiseite: »Elender du. Ja, ich habe dich doch geliebt, und du hast mich mit Unflat beworfen. Du hast mich mit Namen, mit Reden beschmiert, die wie Schlamm auf mir sind und Kot. Ein Weib, das so viel ertrüge ... Du kannst mich nicht reinigen mehr. Ich will nicht vergessen. Fort!« Sie knirschte die Zähne fest. Wieder zwang sie ihn zu sich. »Ach du. Was ist das alles. Was du mir angetan, wie du mich kränken konntest, was ist das. Ich liebe dich.« Sie hauchte: »Nenne mich, wie du willst. Beschimpfe mich, schlag mich... ich bin nur das: ich bin deine Dirne. Sieh, ich liege hier nackt und bereit... Komm zu mir.« Sie erschauerte. Weißt du? Der erste Abend... Damals, als ich so schweigend hintrat, mein Bett vor dir öffnete, da war auf mir dein seltsamer Blick, der mich ganz umfing, mich berührte; dein Mund aber sprach: »Du bist eine Frau.« Als wollte er sagen: »Du bist ein Turm, du bist ein Licht, eine Krone.« Nun bin ich für dich eine Hure. Ich hasse dich. Du nennst mich Vampyr. Ich will dich mit meinen Armen umpressen, mit meinen Fledermausflügeln, dir das Blut aus den Adern trinken und dich morgen früh wegpeitschen wie einen Hund. Einen räudigen Hund... Du!

Ihre Augen glühten im Dunkel. Sie ruhte; ihr Antlitz war hart und sinnlich, begehrend und eingeschlossen zugleich, das Gesicht einer Zauberin.

Und wieder: Sein silbriges Haupt schlief ihr an den Brüsten; sie strich mit Lippen sein Haar. »Du. Sieh dich vor. Ich bin eine Jüdin. Ich wollte, ich könnte das. Das, was der Spanier glaubte...« Der Spanier war in die Werkstatt getreten, sich photographieren zu lassen; er hatte mit Martha sich unterhalten, und da er bald ihre Rasse erfuhr, verlangte er alles zu wissen: von der Juden geheimnisvoll-unheimlichen Zeichen, Künsten und Riten. Martha kannte nichts, leugnete. Er lächelte überlegen. »Ach was«, meinte er in komischem Deutsch, »Sie wollen mir nur nicht sagen. Niemand sagt mir. Die Juden sind so... fein... schlau. Hier wird sein wie in Spanien.« Er wiegte spöttisch den Kopf als einer, der sich nichts vorflunkern läßt. Und Martha suchte daheim das Buch, ein dünnes schwarzes, verschabtes Bändchen, darin sie als Kind Legenden gelesen von Schriftkundigen, von Lehrern und Weisen, von dem Wunderrabbi Dob Joel Sachs, der, um noch vor Feiertag heimzugelangen, nicht das Pferd in den Sabbat hinein zu treiben, mit seinem Wagen den Fluß überrollte, schneller als trockenes Land. Dessen erhobener Arm die Wölfe beschwor, die seinen Schlitten umschweiften. Oder vom Rabbi Akiba Eger, der um die Mitternachtsstunde einst kabbalistischen Deutungen nachhing. Das Licht war erloschen, er spürte es nicht; sein Denken über den heiligen Seiten strahlte mit hellerem Schein. Sie wühlte. Doch fand sie das schwarze Büchelchen nicht; wer wußte auch, ob noch die Mutter es hütete, als nur der Vater gestorben war, und wo es dann hingeraten. Sie dachte: Der Spanier... wenn ich das könnte... Ich müßte vielleicht einen Buchstaben malen, eine Gebärde versuchen, ein Wort formen mit meinen Lippen. Dann würde er aufwachen tief in der Nacht, sich lange schlummerlos wälzen wie ich, das Licht knipsen, fröstelnd zum Schreibtisch gehn; dann wär morgen abend sein Brief bei mir oder er selber. Sie zuckte. Ihre Kehle gab einen häßlichen Laut in der Stille und Finsternis. Ein kurzes höhnisches Lachen. »Ich bin krank, ich bin närrisch.« Sie kniff die Lider zu, gähnte. »Ich sollte lieber sehn, daß ich einschlafen kann.«

Sie war dann heut morgen so ganz zermürbt, so matt und elend gewesen, daß Frau Hoffmann sie heimgeschickt, ihr das Bett und ein heißes Getränk empfohlen. Sie hatte sich auch aufs Sofa gelegt, doch, ob ermüdet, nur wenig geschlafen – sie ertrug das nicht mehr. Nun lief sie im Zimmer auf und ab, Entschlüsse, Entscheidungen mit sich schleifend wie eine gelockerte Kette.

Albert Renkens. Sie baute ein Haus sich, ein Kartenhaus, aus seinem Unwert, aus seinen Mängeln, und als es fertig war, schien es ihr recht; sie stieß es mit einem Handschlag um und nahm sich vor, ihn zu lieben. Und nahm sich vor, ihm zu schreiben. Da könnte sie Worte ausmustern, wägen, hinsetzen, die ihr geeignet dünkten, verwerfen, die sich nicht schickten. Wenn sie redete, mochte sie hinterher finden, daß sie die schlechten Dinge gesagt und gerade die rechten vergessen. Sie sah ihn das Blatt aus dem Umschlag zerren, es lesen mit achselzuckendem Spott, der grimmen, erbarmungslosen Verachtung, die er einst dem Girl Flossie geschenkt. »Wozu das Liebesgestammel? Die will nur mit mir tun, was die Männer freut und die Weiber nicht ärgert.« Martha empörte sich: Nein. Ich werd nicht herumrutschen, ihm den Staub von den Stiefeln küssen. Dazu bin ich nicht da. Sie stockte. Wie spät war es? zehn Minuten vor vier; er wär gegen fünf Uhr zu Hause. Und als könnte sie bloß durch schleuniges Handeln sich selbst daran hindern, den stehenden Plan sogleich wieder umzukippen, riß sie ein besseres Kleid aus dem Schrank, wusch die Tränenspuren vom Antlitz. Und puderte sich vor dem Spiegel. »Ich sehe noch immer nicht gut aus«, fand sie, »so wie verhungert... verhärmt. Vielleicht... Er wird mir die Not und Verzweiflung glauben... wissen, daß ich nicht lüge.«

Es war eine enge, kurze Privatstraße, eine Sackgasse, Hofgasse, grau und still, mit ihren runzlichten alten Akazien, den düstren, einst vornehmen Häusern. Nichts Grünes: nur das zweite zur Linken trat hinter ein Vorgärtchen sacht zurück, einen schmalen umgitterten Streifen. Da wohnte er nun. Er war vor kurzem erst hergezogen; sie hatte ihn nie besucht. Einen Augenblick blieb sie stehn. Und als sie die eiserne Tatze klinkte, als die Pforte entglitt und rasselnd klappte, schlug ihr das Herz wie vor Bösem.

Des Hauses Aufgang mit breiten Stufen, mit allegorisch gemalten Scheiben, geschnitzter Ruhebank auf dem Absatz, verriet eine reichere ältere Zeit, doch schmuddlige Wände und schäbiger Läufer redeten von der neuen. Ein Porzellanschild: »v. Hettenbrinck«, darunter ein Kärtchen, mit Reißstift befestigt; Martha schaute es an. »Albert Renkens, Dipl.-Ing., Kiel, Reventlowallee 9«. Die Ortsnamen waren durchstrichen. Sie las und starrte wie auf ein Wunder und klingelte nicht.

Martha schellte. Eine graublonde Dame machte ihr auf, wohl Frau von Hettenbrinck selbst. Eine peinlich saubere, gerade Erscheinung: sie sah im straffen Stehkragenkleide mit altmodisch aufgebürsteten Haaren über dem kühlen, uneignen Gesicht einer Offizierswitwe ähnlich. Ihr Blick war Mißtraun. »Herr Renkens ist nicht zu Hause«, sagte sie knapp. Martha zögerte. »Er muß doch bald kommen... könnt ich hier etwas warten...?«

Frau von Hettenbrinck ließ sie ein. Sie zeigte der Fremden ein Nebenstübchen, das, ehmals wohl mindere Kost gewohnt, jetzt mit den Resten eines Salons, mit Spiegeln, Glaszeug und Damastsesseln zum Platzen vollgestopft war. Ein junger schlanker und blonder Mensch hockte vorm Notenschränkchen. Bei ihrem Eintritt flitzte er hoch, sich leicht verbeugend. Frau von Hettenbrinck wies einen Sessel.

»Bitte.« Dann: »Laß dich nicht stören, Jobst.«

Sie verschwand. Der Sohn beachtete Martha kaum; vermutlich, nach seiner flüchtigen Prüfung, fand er sie häßlich und alt. Er setzte sich vor das braune Klavier, spielte weiter. Sie lehnte sich still zurück, übersann, wie sie Albert grüßen, ihm antworten würde, was er entgegnen könnte; das Klimpern da rollte, schlingerte, hüpfte ihr unangenehm hinein. Stets wieder dieselben langweiligen Läufe: es war am Ende eine Sonate, eine Etüde oder dergleichen; sie verstand wenig davon. Wozu mochte dieser Mensch üben? Er studierte vielleicht Musik. Oder er gab Klavierunterricht, oder er spielte in Tanzstunden auf, sich ein Studiengeld zu verdienen. Doch Tänze waren das nicht . . .

Sie hätte ihn nur einmal fragen dürfen, wenn sie so neugierig war. Er hielt eben inne, drehte den Schemel, sah aus dem Fenster in Grau. In graue Mauern. Eine Hand bewegte sich noch auf den Tasten, schlug aber keine an. Er hieß Jobst von Hettenbrinck. Dort saß er in einem anderen Lande; sie konnte ihn nicht errufen. Er wendete ihr den Rücken zu und hatte die gleichgültig-ferne Frau nun offenbar ganz vergessen. Er raffte sich mit einem Ruck zusammen, griff, wie um Versäumtem nachzulaufen, hurtig drauf los.

Ein dünnes Heft lag dort auf dem Tische; sie zog es unauffällig heran, lauernd, fast eine Diebin. Der Umschlag sprach: »Hugin – Deutsche Wehr – Blätter für völkisches Denken«, und zwischen den Titeln umkrallte ein Rabe ein Hakenkreuzschild. Sie blätterte ein wenig herum; es bot sich da, was sie suchte. ». . . hat Juda hinterlistig das Joch für germanische Nacken gezimmert.« »Der wahre Feind . . . geht plattfüßig, dickbäuchig, krummnäsig, schwarz tagtäglich an euch vorüber.« »Die Söhne und Töchter Israels . . . Schmarotzerpflanzen am deutschen Stamme . . .«

Martha schaute empor. Ihre Augen sprühten. Sie funkelte so, wenn je ihr Geliebter aus alter Abneigung, frischem Unmut ihr Volk, ihre Rasse schalt. Denn Albert wuchs unter Menschen auf, die alle Gebresten und Schwächen der Zeit auf den Juden wie Steine werfen. »Du magst ja recht haben«, sagte er manchmal mit einiger Selbsterkenntnis. »Und ich bin im Unrecht. Aber ich hab das als Kind gelernt; inzwischen ist es so festgewurzelt, daß ichs nicht ausreißen kann.« Sie beugte die Stirn, las weiter: ». . . und ist uns noch immer nicht klar. Der jüdische Hochmut . . .« Sie dachte: Hochmut . . .? Wir sind nicht hochmütig, leider nicht; aber wir könnten es sein. Ja, wir dürften es sein. Wir haben Rom überstanden, Byzanz in Trümmern gesehn; auch dieser Feind hier wird uns nur töten, wenn wir uns selbst verderben. Wir müssen nur stark und tapfer sein, wieder zu sinken, zu tragen . . . Wir müssen nur wieder in uns hineingehn; dahin kann uns keiner verfolgen . . . »Israel ist wie der Staub der Erde: alle treten ihn mit den Füßen; der Staub aber überlebt alle.«

Sie nickte, warf jäh das Haupt zurück; ihre Sterne glänzten in Weite. Sie drückte die Zeitschrift fest auf den Tisch, und Jobst von Hettenbrinck hörte ein Knistern und blickte sich um. Martha stand auf. »Es dauert mir doch zu lange. Ich wollte hier auf Herrn Renkens warten, er scheint sich aber sehr zu verspäten; Sie sind wohl so gut und öffnen mir draußen die Tür.«

Es war so still. Es war aus der Welt, aus der lärmenden, lebenden Stadt. Und Martha schritt immer noch hin und wieder durch diesen rötlich-graulichen Schlick, den Brei von Asche und wäßrigem Schnee, über den schmalen Fliesensteg zwischen Haustür und Gitterpforte. Sie wollte warten. Und käme er heim erst tief in der Nacht, er fände sie an der Schwelle. Sie fühlte, daß sie nicht weggehn durfte, um morgen noch einmal ihr Glück zu versuchen wie etwa ein reisender Handelsmann; sie mußte heute ihr Schicksal packen, es ducken und zwingen. Morgen wäre sie seiner vielleicht schon nicht Herrin mehr. Und mittenhinein traf sie ein böser Gedanke, nicht böse nur, lächerlich auch: Sie harrte wie ein Verhängnis selbst, und Albert ahnte das, wo er jetzt weilte, und traute sich nicht nach Haus. Inzwischen trat eine kleine Alte mit einem Dackel im Arm aus der Tür und trippelte an ihr vorüber zur Straße; sie setzte das Hündchen umständlich nieder und führte es auf und ab und kehrte nach kurzer Weile zurück, nicht ohne die Frau, die da immer noch lungerte, argwöhnisch scharf zu beäugen. Das trübe Haus schluckte sie ein.

Martha starrte vergrübelt ihr nach, folgte und pflanzte, des Wandelns müde, sich in der Tornische auf. Sie schaute von da in den Liliputgarten, ohne ihn aber mit sehr viel anderm als den Augäpfeln eben zu sehn. Im Rasenflecken ein leeres Beet, ein paar niedrige Koniferen; der Rhododendronstock trug noch die Kappe aus grobem, graubraunem Sack. Und Schneeglöckchen blühten, ein zarter Tuff, mit milchigen Tropfen, herniederrinnend in frische, glänzende Blätter. Sie gewahrte ihn einen Augenblick nur; eh er sie freute, war sie schon wieder in ihr Sinnen versponnen.

Sie hielt es doch allzulange nicht aus; sie schritt der Pforte zu, machte auf und spähte die Gasse hinunter. In der Querstraße gingen

Leute. Ein Mann mit seinem Kinde bog ein und verlor sich im nächsten Haus. Autos rollten, ein Radler krabbelte käferhurtig vorbei. Und ganz am Ende über den Dächern sah sie den Himmel der Abendfarben wie eine Fruchtschale stehn. Die rote Sonne war irgendwo schon hinabgefallen. Aber es wehte noch immer ein fahler, fliehender Aprikosenschein, Lilarosa der köstlichen Pflaume, ballte sich wolkiges Traubendunkel, verglomm am Türkis eines zaubrischen Obstes mattes Bananengold. Sie kostete schweigend und war wohl gelabt, da sie wieder zur Erde sich wandte. Die Erde unter ihr aber war verschüttet mit Steinen.

Er kam nicht. Der Himmel sank ein und verdüsterte sich, ward finstrer und wölbte sich höher. Sie fand keinen Mond. Sie fror. Es war vielleicht nicht sehr kalt. Doch die Finger steiften, verklammten sich, ihre Zehen erstarrten und schmerzten. Vor dem Gitter finzelte eine Laterne; Martha umkreiste ihr ärmliches Licht gleich jenen Mädchen, den bunten Faltern, den traurigen Motten, die unter den Straßenlampen flattern und Männern sich bieten zur Nacht. Sie dachte das nicht. Zwei junge munter gekleidete Herren verließen eben das letzte Haus und streiften an ihr vorüber. Der eine zuckte die Achseln: »Colchicum autumnale.« Er sprach so laut, sie mochte es hören und faßte doch nicht, was es hieß. –

Das bleiche Schimmern verriet ihr Gesicht; er hatte sie wohl von fern schon entdeckt, ehe sie ihn erkannte. Er trat ihr entgegen.

Ungewiß: »Martha ...?«

»Ja.«

Er bot ihr die Hand. »Guten Abend. – Du wolltest zu mir? Warum hast du nicht oben gewartet?« Das warf er gleichmütig-friedlich hin, als wären sie gute Freunde. »Komm.«

Sie gingen hinein. Ihm fiel auf der Treppe bei:

»Ich hab irgendwo meine Spitze verloren, meine silberne Zigarettenspitze – am Ende bei dir?«

Sie schüttelte leicht den Kopf. »Ich hab keine gefunden.« Und sie spürte kaum, daß er nicht gefragt, weil das Röhrchen ihm wichtig war, sondern nur, um harmlose Worte zu sprechen.

Er stieß eine Tür im Hinterflur auf: »Hier wohn ich.« Es war ein ganz nettes, räumiges Zimmer; sie hatte darauf nicht acht.

»Albert –« begann sie.

»Hier. Zunächst setz dich. Und dann laß mich erst mal reden. Ich werde mich kurz fassen, sehr kurz. Also: Ich bin kein Flegel, ich bin kein Weib – na, das hast du inzwischen gemerkt – und ich versteife mich nicht darauf, wenn ich Unsinn schwatze, so dummes Zeug, das nachher noch vernünftig zu finden. Ich hatte mich neulich schwer geärgert, Grund genug war vorhanden, und schließlich bin ich in Hitze geraten und hab dir da ein paar Hiebe versetzt... ich möchte uns alle beide nicht gern dran erinnern. Du verzeihst mir, ja? Deshalb bist du auch hergekommen oder... Nein?«

»Nein«, sagte sie leise. »Ich... ich hab dir nichts nachgetragen, ich kann dir auch nichts vergeben. Albert«, sie sprach und schaute ihn an, als wär es zum ersten Male, »ich habe dich lieb. Komm wieder.«

Sie warf die Hand übern Tisch. Er zuckte zurück. Nach einem Schweigen:

»Martha. Es tut mir leid; aber ich muß dir auch das noch sagen, ich kann dir nicht helfen. Mein Benehmen am Sonntag war unrecht. In der Sache selbst – hatt ich recht. Und da liegt was tot, und ich bin kein Zaubrer, ich mach es nicht wieder lebendig.«

Sie flüsterte: »Ja. Mein Armes...«

Er trommelte auf der Tischplatte mit den Fingern. »Ich meinte dein Armes nicht. Ich meinte unser... unsere Liebe. Die ist dahin. Und was sie zu guter Letzt umbringen mußte: Es hat immer nachts zwischen mir und dir diese Kindesleiche gelegen.«

Ihre Augen dunkelten. »Ich werd es begraben. Das verspreche ich dir.«

»Du kannst nichts versprechen.«

»Doch.« Sie zeigte ihm einen sehr großen umschnürten Brief. »Weißt du, was das ist? Ursas Bild. Ich möcht es nur nicht aus dem Umschlag nehmen... du wirst mirs ersparen... du kannst... ja nachher die Schnipsel prüfen, damit du mir glaubst... Sieh her!« Sie faßte wie mit Klauen das Ding und riß es in Stücke.

Er starrte sie an. »Du... Und du fragst, warum ich dich nicht mehr liebe? Übrigens –« Er brach plötzlich ab, verstummte. Nach einer Weile, sehr ernst: »Du bist keine gute Mutter. In der ersten Zeit hast du Götzendienst mit deiner Ursa getrieben; jetzt schlägst du den Götzen entzwei. Eins ist so falsch wie das andre.«

»Was soll ich denn tun«, bat sie demütig, »sag mir doch, was ich tun soll. Damit du weißt, daß ich nicht lüge.«

Er erwiderte mit einer nachlässig wegschiebenden Gebärde. »Nur darum …? Ich behaupte ja nicht, daß du lügst. Immer dies Maßlose …« Er fügte hinzu: »Du bist jetzt erregt. Wenn du zur Ruhe kommst, wirst du einsehn –«

»Ich will nichts einsehn. Ich will dich lieben, ich will dir gehorchen … ach Gott. Du verstehst mich nicht.«

Er bestätigte hart:

»Nein, ich verstehe dich nicht. Du läufst mir nach. Wenn du noch einen Funken von Ehrgefühl hättest –«

»Ich habe keins mehr.«

Sie sank zusammen. Dann aber ruckte sie, hob den Kopf, ein banges Flattern irrte im Blick; sie flehte wie in Bedrängnis:

»Albert …!« Und als wäre er fern: »Albert – hörst du mich? – Du meinst am Ende, ich spiel mich nur auf, ich mach solchen Sums, um dich festzuhalten, weil du brauchbar bist für meinen Zweck … Du … du irrst dich. Du hattest von einem Handel gesprochen. Das war auch einer, so ein Vertrag, damals. Jetzt … Ich will das nicht mehr: Ursa rächen. Du sagst: ich bin eine schlechte Mutter. Nein. Bloß … Heut denk ich an meine Ursa nur so, so lau und ein bißchen wehmütig wie andere Mütter auch an ihre toten Kleinen. Früher … ach Gott, wie hab ich mein Kind geliebt … mehr als mein Leben. Ihr hattet zu zweit keinen Platz in mir, und du hast es hinausgedrängt. Da ist es gestorben. Vor kurzem wurde es sieben Jahr, da hab ich es auf den Friedhof getragen und in die Erde bestattet. Albert. Ich muß dir noch etwas erzählen …«

Sie stockte. Er betrachtete schweigend seinen Bleistift, zog Striche auf einem Papier. Sie wollte fortfahren, beichten: »Ich habe mein Kind ermordet, Albert. Das bekenne ich dir. Nun bin ich in deinen Händen.« Aber sie fühlte den meerkalten Blick, einen eisigen Tropfen, auf ihren Scheitel rinnen. Klar: Spar dir das, Martha. Du wirkst nicht sehr überzeugend. Eine gute Schauspielerin magst du sein; aber als »große Verbrecherin« machst du mir keinen Eindruck. Oder noch härter: Das bildest du dir ein. Du bist überspannt. Ich bin kein Freund von übergeschnappten Weibern. – Da hob er das Kinn, zuckte herb die Lippen, fast herausfordernd:

»Nun?«

Sie hörte sich wiederholen:

»Ich muß dir etwas erzählen. Du sollst wissen … Ich will mich in deine Hände geben, du kannst mich dann ins Gefängnis bringen, wenn ich dir lästig bin. Ich habe mein Kind – getötet. Es lag im Krankenhaus, und ich sah, daß es nicht mehr gesund werden könnte, und hab ihm ein Mittel eingeflößt, ein Schlafmittel. Und als nachher alles zuende war, sagten die Schwestern, es sei das Beste ... Du glaubst mir nicht –«

Er stand auf. »Ich glaube dir ganz und gar. Du bist dazu fähig. Nur ... Wenn uns irgend etwas noch schärfer trennt, ist es das. Du hast mich zum Mitwisser deiner – Handlung gemacht ohne meinen Willen. Ich kann keine Frau zur Geliebten haben, von der ich das weiß. Ich würde vielleicht eines Tages Strychnin im Kaffee vermuten.«

Sie schrie: »Albert!«

»Sei still. Es ist nicht nötig, daß hier die Leute zusammenlaufen. Und bitte, geh. Ich möchte dir nicht die Türe weisen; aber ich hab Angst vor deinen weitern Geständnissen.«

Sie richtete sich wie voll Mühe empor, griff das Gefetz, das zerstückelte Bild, und schob es in ihre Tasche. Und sprach mit ihrer niedergehaltenen, seltsam geduckten Stimme:

»Du liebst eine andere. Ja?«

Er sah aus dem Fenster. Er meinte, daß sie ihn nochmals anrufen, ihm Lebewohl sagen würde. Aber er hörte nur ihren Schritt und das Klappen der Tür. Er stand mit gekreuzten Armen und starrte so vor sich hin. Ihm fiel plötzlich ein, daß er sie begleiten, die Wohnung aufschließen müßte. Er eilte nach vorn. Aber sie war schon gegangen.

7

Sie war wie befiedert, weiß überflaumt in den Straßenbahnwagen gekommen; nun da sie ausstieg, schneite es schon nicht mehr. Ein zartes, makellos reines Tuch lag über die Gasse hingebreitet; sie war die erste, die es zerschliß, beschmutzte mit ihrem Schuh. Der Weg erleuchtete schleiernd sich selber mit einem Schwanenschein. Bestäubtes Gezweig des Grazietta-Gartens, daran sie vorüberschritt, schimmerte, klang kristallen. Der Himmel aber reifte verzaubert zu dunkelndem Apfelgrün. Eismond tauchte in Nebel.

Es war sehr spät. Sie hatte, nachdem sie von Albert geschieden, bis gegen Mitternacht in einer kleinen halbverborgenen Konditorei gesessen, nur weil sie die Heimfahrt als eine lange, beschwerliche Reise vorempfand und weil sie sich fürchtete vor ihrer einsamen, gramvollen Stube. Sie hatte bei ungenügendem Licht veraltete, staubige Zeitungen gelesen, hinter Witzecke, blödem Roman sich versteckt vor ihrem Sinn, ihrem Herzen. So hatte sie sich an die Zeilen geklammert, so in sie eingestarrt, als wandelte sie einen schmalen Sattel zwischen zwei Schlünden dahin und müßte, blickte sie einmal nur um, rechts oder links in den Abgrund stürzen. Sie konnte sich endlich doch nicht wahren und lag in der Felsentiefe nun schon, stumm, mit zerschmetterten Gliedern. Tot.

Was hatte sie noch? Nichts: ein paar Brocken hartes Papier, das zerstückelte Bild ihres Kindes. Sie hatte Ursa getötet . . . Was noch? Nichts: nicht einmal mehr diese wehe, unselige Glut. Die Liebe zum Manne, die Not, ihre Brunst, schien, wie von der nächtlichen Kälte berührt, erfroren und abgesunken. Sie stand vor dem eisernen Tore. Sie stieß es nicht auf. Es war, als warte droben ein Wesen, ein elend verschmachtendes, vor das sie nicht hintreten könne, so arm, so hilflos, mit leeren Händen. Sie zagte.

Schräg gegenüber am Laubengelände hockte ein Baumstumpf, schneeumhüllt; da ließ sie sich nieder. Sie kauerte, Arme auf den Knien, das Haupt in Händen. Sie brütete stumpf vor sich hin. Was jetzt? Was jetzt. Ich bin so müde, ich werde wohl bald hinaufgehn, mich schlafen legen. Und morgen wieder Arbeit, Beruf, übermorgen, den folgenden Tag . . . alle Tage. Ich habe am Tätigsein, Geldverdienen doch keine Freude. Ich kann nichts für mich selbst.

Ich schaffte nur immer ... um Ursa die Milch und die Semmel zu geben, auch später. Als sie Brot nicht mehr wollte noch Trank. Und dann: um ein schönes Kleid zu tragen vor einem geliebten Mann. Nun brauch ich keins mehr. Nun kann ich altern. Das wird schnell gehn, nichts hält mich auf. Und Gott wird barmherzig sein und mich nicht zu lange hinschleppen durch dies Leben ... Gott – ja –

Sie schrak empor. Doch hatte sich nur eine Schneelast gelöst, war niedergerutscht aus Ästen, vom Dach und dumpf zur Erde geknistert. Sie starrte die Torpfeiler an. Noch immer trug eines jeden Scheitel dies Bildwerk vergangenen Kunstgeschmacks, den mächtig steinernen Becher. Und Flockenschäumen quoll über den Rand, schlackte, tropfte als duftender Rahm, als eine süße Speise. Ich habe Hunger. Hier sitz ich auf diesem Stumpen am Wege wie eine Bettlerin. Ich hab ja auch alles verloren ... Mich friert.

Sie hob sich schwerfällig auf. Aber sie tappte nicht in den Hof der verwunschenen Ahornbäume. Sie schlurfte durch dieses weiche Weiß die Gasse ins Spreetal nieder.

Hell und winzig glitzerte ferne das Lichtgesprinkel einer Fabrik, das die ganze Nacht hindurch blinkte. Die häßlichen Lämpchen des Bahnüberganges kamen nicht weit. Sie schaute zurück. Hinter ihr schwebte der Schneehang, der Hügel, bläulich im schwimmenden Mond. Ein Blumenschweigen, ganz aufgefaltet, so tot, so rein. Bahrtuch. Es war aus Silberglasfäden gewoben, aus Lilien und Nacht. Es deckte so sanft die Erde. Bahrtuch. In seinem Anwehen starb der Rausch, siechte die lüsterne Flamme. Schlief ein. Morgen schwindet es hin. Die Kinder trampeln es, fahren es fort mit ihren lustigen Schlitten. Sie dachte an einen Winterabend, da sie verspätet heimgekehrt, doch Ursa war nicht im Hause. Sie ging auf die Suche. Von hierher tönte Lachen, Geschrei; da lief auch das krebsrote Troddelmützchen, das wollene krebsrote Jäckchen. Ein größerer Bursche setzte es eben rasch auf die Rodel vor sich hin und sauste mit ihm in den Keller. Nun kroch es schon wieder am Berge empor als der kleine Krebs, der es war, ein bißchen mühvoll, doch heiß die Bäckchen, doch strahlend die dunklen Augen. »Ach bitte, liebe Mutter, ach bitte, laß mich nur noch *ein* Mal ...!«

Sie beugte sich, hielt es in ihren Armen, drückte es an ihr Herz. Du. Sie schob ihre Finger unter das Mützchen und fühlte sein braunes Haar. Meins. Es war erst fünf Jahre. Und ihr dünkte nicht wunderbar, gar nicht unglaublich, daß sie es neu umfing. Es war eben da. Als es sah, daß der fremde Mann enteilte, die Tür ihm nicht länger verschlossen blieb, schlüpfte es bald zur Mutter hinein, so selbstverständlich, ohne Bedenken, wie Kinder die Dinge tun. Nun hing es an ihrem Halse. »Ursa...« Sie glänzte. Sie lächelte. Sie liebte es sehr.

Ihr hatte ein Kronreif aus weilendem Licht, den Torheit erblindet wähnte, zerbrochen, sich lautlos geklärt und gefügt.

So schritt sie durch die geöffnete Schranke über das stumme Gleis, langsam, ein wenig niedergezogen von der atmenden Last, die sie trug. Sie trug sie gerne. Sie war doch nicht Arbeiterin, Photographin, war keine Welkende, keine Witwe und nicht eines Mannes Geliebte mehr und keine Verzweifelnde, Arme; sie war die Mutter noch mit dem Kinde, an ihrer Brust seines Herzens Schlag, sein Händlein um ihren Nacken. Sie war still. Sie wollte nichts rächen mehr. Sie haßte nicht mehr. Sie zürnte jetzt keinem Menschen. Sie zürnte nur ein wenig sich selber, nicht lang. Ich habe dich einmal getötet, du Freude; Gott ist gerecht: wer dich anrührt, muß sterben.

Sie stand am Ufer. In Finsternis schülperten Wellen. Sie hauchten. Ursa machte sich schwerer, schmiegte sich innig an. Sie sah das kleine Sonnengesicht ermüden, die Lider fallen. Sie neigte sich, glitt hinab. Wasser scholl. Die Spree tat sich zu und rann weiter.

Zeitungsausschnitt

Der tägliche Unfall. Am Dienstag nachmittag verlor der Führer eines Lastautos an der Ecke Brunnen- und Usedomstraße die Gewalt über seinen Wagen, der plötzlich vom Damm auf den Bürgersteig raste und den 28 Jahre alten Heinz Köfer aus Charlottenburg überfuhr. Der Unglückliche wurde sofort zur nächsten Rettungsstelle gebracht, erlag jedoch kurze Zeit darauf seinen schweren Verletzungen. Die beiden Fahrer kamen wie durch ein Wunder mit leichten Hautabschürfungen davon. Der Lastwagen hatte sich mit dem Kühler in eine Haustür eingebohrt und mußte in stark beschädigtem Zustand abgeschleppt werden.

Nachwort

Die Wirklichkeit als Aufgabe

Eine vergessene Autorin

»Das literarische Werk Gertrud Kolmars ist so gut wie unbekannt« – dieser Satz aus der Züricher Dissertation Hans Bylands, ›Zu den Gedichten Gertrud Kolmars‹, gilt heute vielleicht nicht mehr in der formulierten Ausschließlichkeit, er ist dennoch weitgehend richtig. Inzwischen sind zehn Jahre vergangen; der größere Teil des Œuvres der Dichterin liegt in einer Ausgabe des Kösel-Verlages vor, und das Erscheinen der einzelnen Bände ist von der Literaturkritik registriert und einhellig positiv kommentiert worden. Als »eine der wichtigsten deutschsprachigen Lyrikerinnen unseres Jahrhunderts« eingeschätzt und auf einen »Platz (...) zwischen der Droste und der Lasker-Schüler« gestellt, ist der Kreis ihrer Leserschaft gleichwohl eng und fast abgeschlossen geblieben: Autoren waren es vor allem, die ihr Werk zur Kenntnis nahmen, Karl Krolow, Wolfdietrich Schnurre, Horst Bienek, Elisabeth Langgässer, Schalom Ben-Chorin und Heinrich Böll. Auch die Kollegen lernten ihr Werk zumeist, wie Hermann Kasack, »erst nach dem Kriege kennen«; denn nur dreimal sind zu Lebzeiten Gertrud Kolmars Ausgaben ihrer Gedichte erschienen: 1917 ein schmaler Band mit 40 Gedichten, 1934 das Heft ›Preußische Wappen‹ (18 Gedichte aus dem Zyklus ›Alte Stadtwappen‹) und 1938 im Jüdischen Buchverlag die umfangreichste Sammlung, ›Die Frau und die Tiere‹. Dieser Band wurde aber kurze Zeit nach dem Druck wieder eingestampft, erreichte also die Öffentlichkeit nicht.

Kasacks erster Versuch einer Ausgabe (1947) fand nur wenig Resonanz. Das begann sich erst – sehr allmählich – mit der Gesamtausgabe der Gedichte von 1955 zu ändern.

Mit Ausnahme der zitierten Dissertation, der Nachworte von Kasack und Picard in den Werksausgaben und einiger kurzer Artikel amerikanischer Germanisten hat auch eine literaturwissenschaftliche Rezeption kaum stattgefunden. »Gertrud Kolmar hat ein für die

Literatur unauffälliges Leben gelebt; sie hat sich, im Berlin der zwanziger und dreißiger Jahre, keiner Gruppe, keinem Kreis angeschlossen. Eingezogen und scheu war ihre Welt, der öffentlichen und bürgerlichen ganz entgegengesetzt« (Byland): Am 10. Dezember 1894 wurde sie als Gertrud Chodziesner in Berlin geboren als älteste von vier Geschwistern. Ihr Vater war ein um die Jahrhundertwende recht bekannter Strafverteidiger; die Mutter entstammte einer wohlhabenden Kaufmannsfamilie, so daß die Lebensumstände der jungen Gertrud Kolmar in der geräumigen Villa im Berliner Garten-Vorort Neu-Westend durchaus als großbürgerlich zu bezeichnen sind. Garten, Haus und engere Umgebung werden auch sehr bedeutsam für sie selbst und ihr Werk, die sozialen Umstände weniger: »Zum Kummer der Mutter legte sie sogar als Heranwachsende auf hübsche Kleider keinen Wert und zog sich recht unvorteilhaft an. Auch später verschmähte sie Luxus und Eleganz und war immer und mit allem zufrieden«, berichtet ihre Schwester Helga Wenzel, auf die sämtliche Angaben zur Biographie Gertrud Kolmars zurückgehen, mit Ausnahme des Zeitraums zwischen 1938 und 1943, für den die inzwischen veröffentlichten ›Briefe an die Schwester Hilde‹ unmittelbar Auskunft zu geben vermögen. Ein früher Hang zur Askese ist von ihr selbst bezeugt, ein bewußter Kontrast zur Wohlhabenheit ihrer Familie: »Schon als Kind wäre ich gern Spartanerin gewesen, später wollte ich jedenfalls eine Heldin sein. Ich drängte Mutti, die spartanische schwarze Suppe zu kochen, und aß unsere Linsensuppe schon deshalb so gern, weil Vati gemeint hatte, das sei sie. Und eines Tages hielt ich in der Küche die Hand ins offene Herdloch, um Mucius Scävola nachzuahmen« (Brief v. 19. 7. 1942). Die bewußte Wahl einer Rolle außerhalb ihrer sozialen Umgebung sowohl als auch jenseits jedes gängigen Frauenbildes bestätigt diese Äußerung. Vom Rückzug in die Einsamkeit der Natur, den häuslichen Garten vor allem, und in die Literatur berichtet die Schwester.

Nach der Schulzeit und einer Sprachlehrerausbildung arbeitet sie während des Ersten Weltkrieges als Dolmetscherin in Kriegsgefangenenlagern. Die scheiternde Liebesbeziehung zu einem Offizier gibt zu jener Zeit Anlaß und Stoff für ihre ersten lyrischen Versuche, die 1917 auf Veranlassung ihres Vaters veröffentlicht werden. Das Pseudonym Kolmar bot sich ihr an als deutscher Name der polnischen Stadt Chodziesn, von der sich der Familienname herleitete. Unglückliche Liebe, Verlassensein, unerfüllte Sehnsucht nach einer ›einfachen‹ Existenz als Frau und Mutter sind, durch eigenes Erleben der Dichterin vorgezeichnet, die Themen auch eines großen Teils ihrer weiteren Gedichte. Dabei ist das persönliche Erlebnis Anlaß stets und Ausgangspunkt und wird in der Dichtung transzendiert: »Ich bin fremd« – das ist durchaus die Einsicht der eigenen Situation; im Gedicht (›Die Jüdin‹) wird dies zum Lebensgefühl eines Volkes, das sich das Ausgestoßensein zum Stolz macht. Nach dem Krieg arbeitet sie längere Zeit als Erzieherin kranker, vor allem taubstummer Kinder, der physische Autismus korrespondiert mit ihrem eigenen existenziellen Ab- und Ausgeschlossensein. Sie pflegt bis zu deren Tod die kranke Mutter und nach 1930 den Vater, der mit der Frau den Halt am Leben verloren hatte. Er kann sich nach 1933 auch nicht zu einer Auswanderung entschließen, weshalb sie nicht mit den Geschwistern emigriert, sondern in Berlin bleibt. Es folgt ein Leidensweg durch alle Stationen nationalsozialistischer Rassenverfolgung: Zwangsverkauf des Hauses, Gettoisierung, Zwangsarbeit in Rüstungsbetrieben. Im September 1942 wird der Vater nach Theresienstadt deportiert. Am 27. Februar 1943 wird sie mit allen anderen Juden in ihrem Betrieb verhaftet und nach Auschwitz verschleppt. Dort ist sie ermordet worden. Das genaue Datum ihres Todes ist unbekannt; es existiert nur die telegrafische ›Quittung‹ der Lagerführung in Auschwitz über die Ankunft der jüdischen Häftlingstransporte aus Berlin am 5. und 7. März 1943.

Gertrud Kolmars Wertschätzung durch die Literaturkritik bezieht sich auf ihre Gedichte. Dabei wird nicht nur der Tatsache Rechnung getragen, daß der überwiegende Teil ihres Œuvres lyrisch ist, sondern es werden zumeist ihre Prosaarbeiten zugleich abgewertet: »Darin aber hatte sie noch nicht das erreicht, was als ihrem lyrischen Werk adaequat bezeichnet werden kann, wenn sie überhaupt dazu vorbestimmt war.« Dieses Urteil Jacob Picards im Nachwort der Gedichtsausgabe von 1955 hat offenbar allgemein und auch weiterhin Gültigkeit. Man hielt den Verzicht auf eine Edition der Prosa »aus Qualitätsgründen« (Krolow) für so selbstverständlich, daß der Herausgeber der Erzählung ›Eine jüdische Mutter‹, Friedhelm Kemp, eine Art Rechtfertigung für notwendig hielt: »Allen Versuchen Gertrud Kolmars, sich im Medium der dramatischen, erzählenden oder betrachtenden Prosa auszudrükken, ist, aufs Ganze gesehen, nicht jener Rang und jene Höhe des Gelingens zuzusprechen, die sie als Lyrikerin immer wieder erreicht und behauptet. Um ihres lyrischen Werkes willen aber ist anderseits alles, was diese außerordentliche Frau in ihrer Verborgenheit für sich zu Papier gebracht hat, bedeutsam und aufschlußreich.« Den »dokumentarischen, den Zeugnis-Wert dieser Erzählung« will er höher eingeschätzt sehen »als ihren literarischen Eigenwert«.

Solche Meinung kann sich scheinbar sogar auf Gertrud Kolmar selbst berufen: »Freilich ist es ›nur‹ Prosa, nicht Vers, was ich schreibe, eine Erzählung«, berichtet sie am 7. März 1942 über ihre letzte Arbeit. Doch die Anführungszeichen markieren die Distanz zu dem »nur«, die Ironie gegenüber einer Meinung, deren Landläufigkeit noch die jüngsten Bewunderer Gertrud Kolmars einschließt. Krolow ist Lyriker, Kasack in erster Linie Lyriker, das mag ihre Präferenz bestimmt haben. Es ist sicherlich bezeichnend, daß der Erzähler Heinrich Böll dagegen die Erzählung ›Susanna‹ und ihre »von Träumen und Märchen inspirierte« Sprache hervorhebt. Auch seine Äußerung verweist auf einen Zusammenhang von Lyrik und Prosa Gertrud Kolmars in der ihr eigentümlichen Sprache, ein Zusammenhang, der auch für ›Eine jüdische Mutter‹ kennzeichnend ist, aber Böll hält sich fern vom Vorurteil einer Rangfolge der Gattungen.

Für Gertrud Kolmar waren Lyrik und Prosa gleichrangig Ausdrucksweisen einer Existenz, die sie selbst emphatisch als dichterisch begriff: »Ich bin eine Dichterin, ja, das weiß ich; aber eine Schriftstellerin möchte ich niemals sein« (23. 7. 1941). Dichten bedeutete für sie Schöpfung neben der, ja notfalls gegen die Welt: »es muß schon eine wirkliche, echte Kunst sein, die (...) imstande ist, jede Ungunst von Zeit und Raum zu besiegen ... ein Wurzelhaftes (...), das sich nicht ausreißen läßt und trotz allen Abschneidens, allen Wegzupfens stets wieder keimt und emporschießt«. Und dieser Satz schließt die Prosa nicht nur ein, sondern ist mit Blick ausdrücklich auf eine projektierte Erzählung formuliert.

Der Akt dichterischer Schöpfung – notfalls gegen den Widerstand der Welt, nicht aber als ein grundsätzliches l'art pour l'art –

begründet den Zusammenhang von Lyrik und Prosa im Werk Gertrud Kolmars, thematische Zusammenhänge folgen daraus.

Wirklichkeit und Dichtung

Auch für ›Eine jüdische Mutter‹ sind solche Zusammenhänge zu Recht konstatiert worden: »Kind und Mann stehen, als nur im Verlust besessene, in der Mitte dieses Buches, wie sie es in den Gedichten tun; von Tiergestalten, Landschaftsbildern, Symbolen begleitet und umgeben, die wir aus jenen schon kennen; auch das alttestamentarische Verlangen nach Gerechtigkeit, der rächenden und sühnenden, ist seit jeher Leitthema Gertrud Kolmars gewesen; und daß alles in einem Vergehen, Verlöschen ende, war immer die geheimste Sehnsucht dieser so seltsam und dunkel Verschlossenen« (Kemp).

Das ist richtig beobachtet. Die eigene, unerfüllte Sehnsucht nach dem Kind ist Thema vieler Gedichte:

> Zwischen seine Augen stumm den Mund,
> Einen wunderoten Falter setzen,
> Seines Kindes kleine Krokushände,
> Mit dem Tau des blauen Kruges netzen:
> Das wär Erde mit den tiefsten Schätzen,
> Himmel mit dem höchsten Rund,
> Hölle, wenn ich nie es fände. (›Dies‹),

so eines der Beispiele aus den frühen Gedichtzyklen, deren erster bereits ›Mutter und Kind‹ überschrieben ist. Den Tieren – Hunden vor allem, aber auch Kröten und Fröschen –, und Blumen sind ganze Sammlungen ihrer Lieder gewidmet (›Tierträume‹, ›Bild der Rose‹ usw.). An der Metaphernwelt der Gedichte ist auch die Erzählung beteiligt. Darüber hinaus verrät die Sprache immer wieder die Lyrikerin. Reime – »Goldschnäblige Amseln huschten umher, (/) doch sangen nicht in den Abend mehr (/) die Lieder aus schwarzem Sammet« –, Versrhythmen – »Die Straßenbahn surrte rieselnd und spritzend bergauf (/) am dunkelrot rußigen Backsteingebäude des Bahnhofs vorbei« – Distichen beinahe, das Versmaß der Elegie. Und dennoch stimmt die Schlußfolgerung nicht: »Überschauen wir das ganze dieses Abschiedswerks von Gertrud

Kolmar, so wirkt es auf uns wie eine Ode in Prosa, wie eine aus bedrängtem Herzen aufsteigende Elegie« (H. Kalischer).

Ein anderer Rezensent hat diese These aufgenommen und auf Handlung und Struktur der Erzählung bezogen: »Der Mann, der sich Martha Jadassohn nach einigen Monaten enger Liebesgemeinschaft entzieht, der sie schließlich brutal verstößt und moralisch zur Dirne erniedrigt, ist zugleich auch der Mann oder könnte der Mann sein, dem sie als Rechtfertigung ihres Daseins das Kind abgerungen hat. Das heißt: der erste und der zweite Teil (der Erzählung) sind spiegelbildlich vertauscht. Die Handlung bildet eine endlos kreisende Ellipse (...) In dieser Vertauschung gibt sich Gertrud Kolmar als Lyrikerin zu erkennen. Sie überlistet das Gesetz, dem die Erzählung gehorcht, indem sie das Nacheinander der Zeit in Spiegelschrift liest.

Die letzte Beraubung steht am Anfang, die Liebesenttäuschung am Ende. Beide sind imaginär. Beide spielen sich nicht in der Wirklichkeit ab, sondern in jener Zeit ohne Zeit (...)« (K. A. Horst). Eine scheinbar einsichtige These – aber sie trägt nicht, weil sie aus der Perspektive ausschließlich der Lyrik formuliert ist, von der Lyrik her argumentiert, von einer Lyrik zudem, die, wie Karl Krolow beschrieben hat, eine geradezu magische Wirkung ausübt: »Man wird vor allem aus den Vergleichen herausgenommen. Man vergißt, derartige Vergleiche anzustellen! Mit einem Ruck wird man in diese intensive Dichtungswelt hineingerissen.« Die Gedichte bestätigen diesen Eindruck, der ähnlich wiederholt formuliert wurde. Hier drückt sich der »Widerspruch gegen den rationalen Zeitgeist aus (...) Das Magische ist Gegenteil des Rationalen« (Soergel und Hohoff); nur selten begegnet man in den Gedichten »einem Bilde, das daran erinnert, daß ein Mensch der modernen Massensiedlung es geschaffen hat« (Picard). Tatsächlich erschaffen die Metaphern und Symbole dieser Gedichte eine eigene und in der Tat »seltsame und dunkle« Welt der Tiere und Blumen, sowie scheinbar zeitloser »Urphänomene« wie Liebe, Trauer, Einsamkeit, Verlassenheit usw ... Realität scheint nur als vergangene, in der Geschichte, zu existieren, der biblischen (›Judith‹, ›Esther‹, etc.), aber auch der der Französischen Revolution, der Gertrud Kolmar zwei Gedichtzyklen gewidmet hat (›Napoleon und Marie‹ und ›Robespierre‹). Den unmittelbaren gestalterischen

Zugriff auf die Gegenwart hat sie zumeist vermieden und dies auch bekräftigt: »Von mir selber weiß ich, daß ich Gegenwärtiges, Nahes viel seltener als Vergangenes, Fernes zum Gegenstande meines Dichtens mache« (14. 7. 1940). Ihre Begründung jedoch macht deutlich, daß dies nicht Flucht vor der Realität bedeutet: »Mit diesem Zeitgeschehen ist es so etwas wie mit den impressionistischen Bildern; betrachtet man sie in großer Nähe, dann zeigt sich bloß ein Wirrwarr von Strichen, Tupfen, Punkten, die sich erst zum erkennbaren Ganzen fügen, wenn man sie aus der Entfernung sieht« (22. 10. 1939). Das stets problemgeladene Verhältnis des Künstlers zur Wirklichkeit bestimmt also auch Gertrud Kolmars Selbstverständnis. Sie erfaßt es mit dieser Bemerkung adäquat: bildhaft, mit einem Bild noch dazu, daß sich bei dem Versuch näherer Betrachtung auflöst wie eben die impressionistische Malerei; denn allein schon der Begriff »Entfernung« ist verschieden zu verstehen. Bildhaftes Erfassen ist lyrisch zu nennen, und als solches läßt es auch weniger die begriffliche Analyse als viel mehr den interpretierenden Nachvollzug zu, wie ihn angemessen auch wieder nur lyrische Kongenialität zustandebringt: »In ihrer Lyrik ereignet sich das wechselseitige Verschlingen von Realistik und Phantastik in ossianischen Landschaften. Immer sah sie (...) sehr genau hin. Aber bei einer gewissen Eindringlichkeit und Höhe des Sehens scheint die Netzhaut gleichsam überfordert« (Krolow).

Aber Gertrud Kolmar gab sich nicht zufrieden mit der »endlos kreisenden Ellipse« einer nur sich selbst deutenden, unmittelbar bildlich sich mitteilenden lyrischen Kunst: »Dichter müssen sich bemühn, die Gründe der Handlungen aufzuhellen; das Leben spart sich die Müh' und läßt seine Gründe im dunkeln.«

›Susanna‹ – die Annäherung von außen

Dieser Satz steht in der Erzählung ›Susanna‹, die Karl Otten 1959 in seiner Sammlung ›Das leere Haus. Prosa jüdischer Dichter‹ veröffentlicht hat. Es ist die Erinnerung einer Erzieherin an ihren Schützling Susanna, einem scheinbar wahnsinnigen Mädchen: »Sie blieb mir fremd, sie lebte in einem gezauberten, unüberschreitbaren Kreise, und sie trat manchmal zu mir heraus und ich kam niemals hinein«, sagt die Erzählerin von ihr. Die Liebe dieses Mädchens zu einem Mann – Jude wie sie –, seine Flucht aus dem schlesischen Dorf nach Berlin und der tödlich endende Versuch Susannas, ihm zu folgen, fort von dem »kalten, gepreßten, ätzenden Haß und Hohn« seiner Mutter, konstituieren die Handlung dieser Erzählung, die von der fiktiven Erzählerin in der nachdrücklich unterstrichenen Rolle einer zur Fiktion unfähigen Realistin geschrieben wird: »Ich bin keine Dichterin, nein. Wenn ich eine Dichterin wäre, würde ich eine Geschichte schreiben (...) aus dem, was ich weiß. Aber das kann ich nicht. Ich bin keine Künstlerin.«

Eine Zeitungsnachricht motiviert die Erzählerin zu ihrer Erinnerung; eine Zeitungsnachricht schließt sie auch ab. Die knappe Zusammenfassung deutet die Fülle der Bezüge zu der hier veröffentlichten Erzählung an, ohne sie auch nur entfernt auszuschöpfen: Motive, Inventar (der Hund, einzelne Personen, der Jurist, Blumen, vor allem Rosen usw.) und die zentrale Thematik vervielfachen die Linien solchen Zusammenhanges, dessen Beachtung den Zugang zu beiden Erzählungen und zum Gesamtwerk Gertrud Kolmars erleichtert.

Susanna ist die Verkörperung dichterischer Existenz. Das lyrische Ich der Gedichte, das von sich sagt »Ich bin fremd«, erscheint auch dem betrachtenden Erzähler so: »Sie blieb mir fremd«. Susanna ist Dichterin nicht nur, weil sie selbst Märchen erfindet; ihre magische Beherrschung der Sprache – »Es gibt Worte, die kann man in die Hand nehmen. Und manche riecht man« –, ihr Eingesponnensein in eine ganz eigene Welt, »einem gezauberten, unüberschreitbaren Kreise«, sind Indizien eines Künstlertums, wie es Gertrud Kolmar an sich selbst erlebt hat, wenn auch nicht in dieser extremen Steigerungsform, die ihr hier nötig scheint für ihren Zweck, »die Gründe der Handlungen aufzuhellen«. Mit der ›Susanna‹ versucht sie eine Annäherung an dieses Künstlertum quasi ›von außen‹. Die Figur der erzählenden Erzieherin ist das verkörperte Realitätsbewußtsein, vor dessen kritischem Blick sich die Dichterexistenz bewähren muß. Dieser Blick freilich ist gemildert, ist nicht der der kalten pragmatischen Wirklichkeit, dem Susanna als Wahnsinnige erscheinen muß. Nicht von ungefähr wählt Gertrud Kolmar hier eine Rolle, die ihr aus eigenem Erleben vertraut ist. Susannas Autismus – »Susanna brauchte mich nicht. Sie nahm mich an und fügte mich in ihre Welt, weil ich nun einmal da war, doch sie hatte mich nicht herbeigesehnt und hätte mich kaum vermißt« – ist aufzuklären nur von einem Ort aus, der zwischen ihrer und der pragmatischen Welt liegt. Nur aus solcher Nähe zeigt sich der scheinbare Wahnsinn Susannas als die besondere Erkenntnisfähigkeit des Künstlers, die nur rationalem Wirklichkeitsbewußtsein überlegen ist: »ihr kennt immer nur alles aus Büchern«, wirft Susanna der Erzieherin vor, und auf deren Frage »Woher sollten wir sonst von den Dingen wissen? Wir können nicht alles auf Erden hören und sehn«, erwidert sie: »Doch, man kann alles sehn. Ich sehe und höre alles.«

Solche Fähigkeit ist göttlich: »Man kann ihn nicht hören, man kann ihn nicht sehen; aber er macht, daß man alles weiß«, und ebenso wie künstlerische Erkenntnisleistung Anteil hat an göttlicher Allwissenheit, ist auch die künstlerische Fähigkeit zur Schöpfung numinos: »Alles Geschaffene ist Gottes«. Mit der Chiffre des unvollkommenen Gedächtnisses wird die unkünstlerische, säkulare Welt dagegen kontrastiert: »Es ist sonderbar. So viel des Wichtigsten wird vergessen, und Unwesentliches, lächerlich Wertloses behalten wir gut.«

Bis hierhin ist der Versuch der »Aufhellung« dichterischer Existenz nur die Beschreibung, ja Bestätigung künstlerischen Autismus, oder Solipsismus. Selbst die ›Schuldzuweisung‹ an die Welt, an deren Uneinsichtigkeit ist schon in den Gedichten formuliert worden: »Ihr findet den erzenen Schlüssel nicht«, und: »Zugeschlossen ist euer Gesicht« (›Die Jüdin‹). Im Unterschied jedoch zu solch stolzer Bejahung dichterischer »Verschlossenheit« genügt Susanna nicht sich selbst. Sie vermag sich erst in ihrer Liebe zu Rubin zu verwirklichen, weil diese Liebe zuallererst auch ihre künstlerischen Fähigkeiten freisetzt. Der Name des Geliebten ist ihr Anlaß für poetische Sprachspiele, um ihn ranken sich ihre Märchenphantasien, er weckt ihre Kraft zu intuitiver Erkenntnis. Dagegen steht logisch und konsequent das Bekenntnis der Erzieherin: »Ich wußte nichts. Ich hatte nie geliebt.« Die Liebe Susannas zu Rubin, der – so überhaupt nicht der »Meerkönig« ihrer Phantasie – von eher profan-alltäglicher Gestalt ist, stellt den Versuch des Brückenschlages dar zwischen Welt und Poesie: »Aber das schönste Mädchen liebte diesen nicht großen, untersetzten, mindestens dreißigjährigen

Mann, liebte das glatte, schüttere Haar auf einem kugelschädligen Kopf und solche ungemilderten, scharf semitischen Züge«. Der Brückenschlag gelingt – zunächst; denn nicht nur die Einsamkeit Susannas scheint beendet, sondern auch der Mann wird verwandelt, erkennt, die Beziehung als »Wunder«, wird so tatsächlich zum erträumten »Edelstein«, »weil ich ihn liebe und er mich liebt«. Doch die Verbindung hat keinen Bestand. Die Tatsachenwelt setzt sich durch in Gestalt der Mutter Rubins, die ihre »Mutterrolle« ausspielt. Der Mann reist ab, Susanna will ihm folgen, zu Fuß, den Bahngeleisen entlang. Sie wird tot aufgefunden: »Die Zeitungen, die Leute der Stadt sprachen von Selbstmord, von Geistesverwirrung; aber ich wußte, daß es ein Anderes war. Sie hätte vielleicht nicht mehr leben mögen, wenn sie erst ihr Verlassensein kannte; sie ahnte ja nichts (...), wanderte nachts auf dem Gleis dahin, wie ihr der Eisenbahner empfohlen, und ging zu ihrem Geliebten ...«. Der Satz bricht ab, das Wissen der Erzieherin ist nicht mitteilbar, damit aber der Zweck der Erzählung, »Gründe der Handlungen aufzuhellen«, nicht zureichend erfüllt. Immerhin wird klar erkennbar, daß dichterischer Solipsismus keine denkbare Existenzform ist: Susanna hätte »nicht mehr leben mögen, wenn sie erst ihr Verlassensein kannte«. Dennoch mißlingt die Öffnung zur Welt. »Ein Anderes« ist der Grund dafür. Gertrud Kolmar vermag trotz der widerwärtig gezeichneten Gestalt der Mutter Rubins doch nicht die Welt allein dafür verantwortlich zu machen. Die Annäherung ›von außen‹ bleibt also letztlich in der Aporie, die gestellte Aufgabe zugleich auf der Tagesordnung.

›Eine jüdische Mutter‹ – die Annäherung von innen

In ›Eine jüdische Mutter‹ geht Gertrud Kolmar den entgegengesetzten Weg, eine Annäherung ›von innen‹ sozusagen, auch wenn sie diesmal die Ich-Form vermieden hat, die Erzählerrolle also immer noch eine gewisse Distanz läßt. Aber die Distanz ist gering, da überwiegend aus der Sicht Martha Jadassohns erzählt wird.

Die »jüdische Mutter« und das Problem des Verhältnisses von dichterischer Existenz und ›Welt‹ – dieser Zusammenhang erschließt sich erster und oberflächlicher Lektüre kaum, obwohl es ausgerechnet das oberflächliche Fräulein Lill ist, die innerhalb der Erzählung Marthas Wesen richtig erkennt und im Vergleich mit einem »Kunstwerk aus milchigem Porzellan, einem ruhenden Elch« auch zu beschreiben vermag: »Der Elch, der hat sowas Märchenhaftes, sowas ungeheuer Dunkles und Wildes... was Fremdes.« Martha bestätigt diese Charakterisierung für sich: »Das Mädchen hatte recht. Das plumpe, brandrot düstre Tier, das ungefüge, einsame Wesen einer sterbenden Art – das bin ich.«

Martha ist Künstlerin zudem, Fotografin, »Ihre besondere Meisterschaft« erweist sie »als Tierabbildnerin«. Aber der Beruf spielt nur am Rande eine Rolle, rechtfertigt für sich noch nicht die These. Um das Verhältnis der Mutter zu ihrem Kind, Mutterliebe, Mutterrache, geht es in der Erzählung in erster Linie. Hier auch hat die Analyse anzusetzen.

Fast allen Rezensenten ist eine gewisse Befremdlichkeit der zentralen Handlung und ihrer Darstellung aufgefallen: »manische Bindung an das Kind«, »selbstzerstörerische Mutterliebe«, »unmenschliche Züge alttestamentarischen Judentums«. Als »Gefühlskälte aus unerfülltem Mutterglück« meint Martin Kraft das Wesen der Martha Jadassohn erklären und zugleich motivieren zu können. Aber wenn hier pathologische Züge enthalten sind, so haben sie ihre Ursache nicht in der Psyche der Autorin.

Nur der erste Abschnitt der Erzählung gestaltet die Idylle ›normalen‹ Mutterglücks in einer geradezu paradiesischen Mutter-Tochter-Beziehung. Schon die Rückblende des zweiten Kapitels stellt diese von Grund auf, nämlich von ihrem Beginn her, infrage: »Martha brachte das Kind zur Welt und stürzte sich drauf, einer hungrigen Wölfin gleich, wie die Schwiegereltern das nannten. Es war ja ihr Kind, nur das ihre.« Und im weiteren Verlauf häufen sich die pathologischen Kennzeichnungen dieser Beziehung im Text: »Wenn man sein Kind sehr lieb hat, dann kann man alles (...). Man kann es auch töten.« Völlig zurecht urteilt da der Geliebte Marthas: »Du bist keine gute Mutter. In der ersten Zeit hast du Götzendienst mit deiner Ursa getrieben; jetzt schlägst du den Götzen entzwei.« Marthas Kritik an der Moral des Salomonischen Urteils enthüllt den Charakter ihrer Beziehung zum Kind: »ich hätte es wohl nicht gekonnt, auch wenn es mein Kind gewesen. Ich hätt es nicht hergeben können... der fremden anderen Frau.« Das Gewicht dieser Passage tritt deutlicher hervor, wenn man sich daran erinnert, daß gerade diese biblische Geschichte auch in der ›Susanna‹ eine wichtige Rolle spielt. In ›Susanna‹ geht es dabei um die Frage der Uneigennützigkeit der Liebe, hier dagegen um das Kind als Besitz. Selbst Anteilnahme wird hier im verdinglichten Wortsinn als Besitzgefährdung verstanden: »Denn ihr war, als verschenke sie schon ihr Kind, wenn sie nur dieses Leid (...) mit anderen Menschen teilte«. »Ursa – Mein Kind« steht auf dem Grabstein der Tochter, wobei das »mein« emphatisch verstärkt zu lesen ist. Wenn im Text schon einmal nicht das Possessivpronomen steht, verwendet Martha Jadassohn in einer schon auffälligen Häufigkeit das neutrale »es«: »Heut war *sein* Todestag«, »wie *es* da lag«, »sie küßte *es*«.

Natürlich ist Ursa innerhalb dieser Erzählung auch das Kind in der durchaus realen Gestalt, wie es sich Gertrud Kolmar – das bezeugen ihre Gedichte und Briefe – immer sehnlichst gewünscht hat. Die erwähnten Befremdlichkeiten des Textes sind jedoch nicht die psychopathologischen Folgen eines enttäuschten Kinderwunsches, sondern Signale dafür, daß das Verhältnis Martha-Ursa mehr ist als das von Mutter und Kind. Dieses Verhältnis weist über sich hinaus; dieses Kind hat symbolische Funktion: »›Melody‹, raunte sie, ›Ursa...‹ Dies dunkelgelbe duftende Lied war ihr Kind.« Das sterbende Kind »trug auf der Brust eine gelbe sterbende Rose«. Die Rose »Melody« ist ebenso konkret (es gibt diese Rosensorte, und sie ist dunkelgelb) wie symbolisch; deswegen ist die Identifikation mit dem Kind möglich: »Melody, wiederholte sie leise. Und fühlte: Meine Ursa war eine dunkelgelbe Rose.« Den Rosennamen assoziiert Martha auch bei der »dunkel klingenden Stimme« eines fremden Mädchens, das für sie als eine Art Doppelgängerin ihrer Tochter erscheint.

Unter dem Aspekt solcher Zusammenhänge gewinnt auch ein anderes, häufig verwendetes Wort eine erweiterte Bedeutung: »ihr Geschöpf«; synonym für ihr Kind, gewiß, aber die Gedankenverbindung von Kind, Rose, Melodie, Lied und Geschöpf stellt absichtsvoll die Verbindung her zu dem anderen ›Geschöpf‹ der Dichterin: ihrem eigenen Werk. Werk und Kind als Schöpfungsleistungen und eigenster Besitz sind auch in der Metaphernsprache der Gedichte Gertrud Kolmars immer wieder miteinander verbunden, sogar identisch:

Oh, du bist schön. Weil nicht ich unbewußt
Den klaren Leib aus meinem Blut erbaut,
Nein, weil ich seine Glieder, Haupt und Brust
Mit Willen schuf, erschaffend angeschaut,

heißt es in dem Gedicht ›Erschaffung‹ (das Einleitungsgedicht des Zyklus ›Kind‹), dessen Schluß solche Identifikation gerade mit Blick auf die Erzählung noch unterstreicht:

Der gelben Rose stumme Melodie
Gab dir ein Lächeln, Blumenangesicht.
Und Berges früchtig schwere Druse lieh
Der Seele flimmerndes, kristallnes Licht.

Und amethystnen Schein. – Du läßt mich nie,
Mein lieber Sohn. Du bleibst. Ich trug dich nicht...

Das ungeborene Kind wird Wirklichkeit im dichterischen Werk:

Aus Träumen wob ich dies dein stilles Haar
Ich hob in Sommergärten all mein Lied,
Die Harfe, die sich singend mitgebar.
(...)

Und im Werk auch nur ist das Kind wirklicher Besitz: »Mein. Weil ich nie geboren« (›Wiege‹).

Solche Identifikation bestimmte jedoch nicht nur die Metaphernwelt ihrer Gedichte, sondern war Teil ihrer Alltagssprache: »Mir ist zumute... wenn es sich um Körperliches handelte, würde ich diesen Zustand als Schwangerschaft bezeichnen. Und das ist er wohl auch, im Geistigen, da trage ich zur Zeit ein Elefantenkind«, schreibt sie an die Schwester (24. 11. 1940) über ihre Arbeit an einem hebräischen Gedicht, »und dieses Gedicht (›das Ungeborene‹) das bildet sich schon in mir«. Immer wieder findet sich solche Sprechweise in den Briefen, zahlreich sind die Parallelen zu den zitierten Gedichtbeispielen. Das sprengt – nicht nur wegen der Häufigkeit – den Bereich bloßer sprachlicher Uneigentlichkeit. Werk und Kind verbinden sich für Gertrud Kolmar zu einem Wesen, dessen Eigenschaften aus den Elementen von Kind sowohl als auch dichterischem Werk zusammengeschmolzen sind. Das Kind ist real und

Phantasiegebilde zugleich; das Werk ist Sprache, aber auch ausgetragenes Geschöpf:

Du Liebes.
Meine Arme halten dich
Wie einen Blumenkorb.
(...)
Wie eine wunderbare Sage
Vom kupfernen und grünen Tier.
Und eine kleine Waffe wider dürre Tage.
Du Rosenquarz. Du Licht!

Ich spreche irr. Mein Dunkel ruft dich mir.
In meinem Tage bist du nicht.

In diesem Gedicht (›Eine Mutter‹) ruft sich die Dichterin quasi selbst zurück (»Ich spreche irr«), versucht, Kind und Werk zu trennen. Doch erweist sich die Verbindung als widerstandsfähig. Die gedachte – oder gefühlte – Einheit wirkt auch zurück auf Werk und Kind im pragmatischen Verständnis: nicht nur gibt sie dem Werk immer wieder Attribute des Kindes; auch umgekehrt schreibt sie höchst realen Kindern, etwa ihrer Nichte, Eigenschaften des Werkes zu: »Daß Du das Püppchen als eine ›Zufallsleistung‹ bezeichnest: darin kann ich mit Dir nicht übereinstimmen. An Zufallsleistungen auf diesem ›Gebiet‹ glaube ich nicht so ganz« – das Kind also eine bewußte Schöpfung wie das Werk.

Unter solchen Vorzeichen ist die Mutter-Tochter-Beziehung in der Erzählung ›Eine jüdische Mutter‹ zu betrachten: Ursa ist Marthas durchaus real gedachte Tochter, damit natürlich auch die in die Erzählung hineinprojizierte Sehnsucht Gertrud Kolmars nach einem Kind. Zugleich aber ist in dieser Beziehung das Verhältnis der Dichterin zu ihrem eigenen dichterischen Werk und – in der Konfrontation Marthas und Ursas mit ihrer Umwelt – das Verhältnis beider zur Realität gestaltet. Kind und Werk – das ist eine symbolische Komposition, nicht nur eine Metapher, schon gar keine Allegorie mit eindeutigen Bedeutungsrelationen. Die auffälligen ›Befremdlichkeiten‹ des Textes sind Hinweise auf diesen Sachverhalt.

Wenn die Beziehung zum Werk gestaltet nicht nur, sondern offenbar auch empfunden ist als Mutterschaft, so spricht das für ein entschiedenes weibliches Bewußtsein: nicht nur ihr Werk, sondern Dichten schlechthin könnte als weibliche Prärogative erscheinen, Schöpfung – ob in Kind oder Werk – als nur der Frau möglich. Die Beschwörung der Mutterschaft im Titel verstärkt den Eindruck, mehr noch die im Text herausgestellte Feindschaft und Verachtung dem Mann gegenüber. Männer sind »Laffen« und »Lümmel«; den Anwalt, der sie beraten will, erlebt Martha als »Gegner«, erwartet »Feindseligkeit, Angriff und Schlag«. Ehemann wie Geliebter sind selbst in der Liebesbeziehung mit ihr Widersacher, kaum zu unterscheiden vom Vergewaltiger der Tochter, dem Feind schlechthin, der ihr »fürchterlich« erscheint wie der Exhibitionist, den sie selbst als Kind erlebte.

Dennoch ist dies nichts weniger als die etwa feministisch getönte Beschreibung des Geschlechterkonfliktes. Die übrigen Frauenfiguren der Erzählung sind ja keineswegs positiv gestaltet: sie sind »tüterig«, wie die Mutter, erscheinen, ironisch dargestellt, als »Damen, die sehr erregt durcheinanderschwätzen«, als »Weiber« gar mit »rohen Zügen«, so »flätzig, so plump und breit (...) böse, fast knurrig, wie Hunde, die man beim Fressen stört«. Ein Mädchen in der Tanzbar ist »dieses Stück Fleisch, die Keulen (...)«. Das korrespondiert auch durchaus mit den eher abschätzigen Äußerungen Gertrud Kolmars über Frauen in ihren Briefen, wo sie grob von »Gelabber« in Frauengesellschaften spricht und von ihrer Vorliebe für die Gesellschaft von Männern auch am Arbeitsplatz: »Ich sehnte mich aus dem Quatsch, Klatsch und Tratsch, die anscheinend unerläßliche ›Begleiterscheinung‹ einer Frauenabteilung sind, nach einem ›schweigsamen Dasein‹.« Sie schreibt sogar von einem »ununterdrückbaren Widerwillen gegen jede zu nahe seelische Berührung mit Gleichgeschlechtlichen«, von »Homophobie«.

Marthas Frau-Sein faßt ins allgemeinverständliche Bild eine Rolle, die im Grunde nicht geschlechtsspezifisch ist: »Ich muß ganz einsam sein. Ich muß das alleine tragen (...) Ich bin anders.« Der Blick auf ›Susanna‹ verdeutlicht, daß hiermit die Künstlerrolle, ihr Autismus vor allem, akzentuiert wird, ins Bild gesetzt hier als »das einsame Wesen einer sterbenden Art«. Das »starr geschlossene, abweisende Gesicht« gehört dazu, ebenso ihre »Versperrtheit, Abseitigkeit«, womit der Autismus direkt ausgesprochen wird, die

Prosa also in der Tat das erhellt, was die Gedichte nur im Bild oder in der Auswahl der Gegenstände ahnen lassen: Im Zyklus ›Weibliches Bildnis‹ z. B. zeichnet sie ja nicht Facetten der ›normalen‹ weiblichen Rolle, sondern es interessiert sie ›Die Dichterin‹, ›Die Fahrende‹, ›Die Unerschlossene‹, ›Die Drude‹, ›Das Räubermädchen‹, ›Die Landstreicherin‹, ›Die Entführte‹, ›Die Jüdin‹, ›Die Fremde‹, ›Troglodytin‹ – alles Beispiele für, und damit Chiffren der Weltabgewandtheit.

Martha Jadassohn steht in dieser Reihe, aber sie unterscheidet sich von diesem »weiblichen Bildnis«, weil Gertrud Kolmar nach der ›Susanna‹ ein weiteres Mal mit ihr den künstlerischen Autismus aufzuheben versucht – trotz einer zeitgeschichtlichen Realität, die einen solchen Versuch in kaum erträglicher Weise erschwerte, ihn zugleich jedoch forderte. ›Wort der Stummen‹ nennt sie einen um die gleiche Zeit entstandenen Gedichtzyklus und drückt im Paradoxon des Titels eben diesen Zwiespalt aus.

Unter solchen Prämissen wäre der Text neu zu lesen. Sein Thema ist zuerst das Verhältnis von Dichter, Werk und Wirklichkeit in den Gestalten von Mutter, Kind und Mann. So verstanden ergeben die ›Befremdlichkeiten‹ des Textes ein sinnvolles Muster: Das Werk (Kind) ist Schöpfung, entstanden als Frucht der Auseinandersetzung mit der Welt, die Martha jedoch zunächst als Akt bloßer Ausbeutung der Welt gegenüber begeht. Ihrem Mann ist sie nicht »Kameradin und Freundin«, »gar keine Frau, nur eine Geliebte«. Denn: »sie lebte mit ihm nur in einer Gemeinschaft der Nächte«, ihre Beziehung ist Kampf, ein Kampf, in dem »Sie siegte«. Der Gewinn ist das Kind (Werk), »ihr Kind, nur das ihre«, mit dem sie sich von ihm entfernt, d. h. sie hat der Wirklichkeit das Geschöpf abgerungen, mit dem sie sich vor ihr verschließt: »meist schob sie ihn ohne viel Wesen beiseite wie ein Ding, das man gerade nicht braucht.« In solchen Passagen zeigt sich die Notwendigkeit der Erzählerrolle: nur sie erlaubt solch distanzierende Kritik der Autorin, da Martha Jadassohn auf der Bewußtseinsstufe dieses Abschnitts zur Selbstkritik nicht fähig wäre.

Der Mann verläßt sie und stirbt – ein an Hofmannsthal erinnerndes Motiv: der Dichter verarmt, ja tötet die Welt, wenn er das Werk für sich behält (›Der Tor und der Tod‹, ›Die Frau ohne Schatten‹, etc.). Martha lebt nicht nur »halb aus der Welt«, wie Frau Hoffmann sagt, sondern praktisch völlig außerhalb der Welt, fixiert nur auf das Kind, das eigene Geschöpf.

Selbst auf der Erscheinungsebene des Textes zeigt sich jedoch, daß Gertrud Kolmar von der Unmöglichkeit einer derart solipsistischen Existenz überzeugt ist: Martha selbst übergibt ihr Geschöpf der Welt, gibt es der Nachbarin zur Betreuung, um sich ihren Lebensunterhalt durch Arbeit zu ermöglichen. Das aber ist der unmittelbare Anlaß zur Vereinnahmung ihrer Schöpfung durch die Wirklichkeit, die aus Marthas Sicht – d. h. der Perspektive der solipsistischen Künstlerin – und zu dieser Zeit, nur als Schändung erlebt werden kann.

Mit Blick nur auf die Erscheinungsebene ist die Reaktion Marthas dann nur schwer verständlich: sie selbst tötet ihr Kind. Das ist nur notdürftig psychologisch motiviert durch das traumatische Kindheitserlebnis eines Exhibitionisten. Doch das Motiv überzeugt nur Martha Jadassohn allein, gibt ihrer Handlungsweise – zunächst – die Rechtfertigung, solange sie in ihrer verschlossenen Welt verharrt: »Sie kam nicht heraus. Sie war nun in diese Unwelt verstoßen und kam nicht heraus«, und: »Es war ein wüster, häßlicher Traum, darin sie das tat, gezwungen tat; sie konnte sich nicht hervorbringen aus dem Schleier.« Wieder wird die Distanz zwischen Erzählerrolle und Hauptfigur wirksam: die Kritik läßt Martha als ein von der Autorin bereits überwundenes Stadium ihrer eigenen dichterischen Entwicklung erscheinen.

Mit der Tötung des Kindes hat Martha ihr Geschöpf quasi wieder zurückgenommen und damit den idyllischen Zustand alleinigen Besitzes zurückgewonnen. Beim Anblick des Grabsteins mit der Aufschrift »Ursa – Mein Kind« denkt sie ein Jahr nach dem Tod des Mädchens: »Eines Tags würde wandernder Blick auch der Mutter Name hier lesen.«

Aber die Wirklichkeit läßt sich nicht ausschließen: Der Anblick eines Kindes, das »zu Verwandten« fährt, voller Leben ist, macht ihr die Unwirklichkeit dieses Idylls bewußt – auf eine für sie charakteristische Weise: Sie erinnert sich an den Tag der Beerdigung und meint, »sicher wäre es aufgewacht und hätte aus zarten Wimpern gelächelt, die Arme um den Nacken gelegt, wenn nicht die Menschen im Augenblick den Deckel darübergehoben«, und aus dieser Erinnerung folgt der Entschluß: »*Meine* Ursa . . . Ich werde ihn töten.« Rache an der Welt für die Schändung des Geschöpfes – das ist ein zweiter Ausbruch aus dem Autismus. Er gleicht zunächst in fast allen Einzelheiten dem ersten, weil er ebenso egoistisch motiviert ist wie jener. War dort der Mann das Werkzeug für das Kind, so ist jetzt der Geliebte Werkzeug der Rache – so jedenfalls motiviert sie ihr Handeln ihm gegenüber zunächst selbst. Und auch ihre übrigen Aktivitäten außerhalb des bislang abgeschlossenen Lebensraumes, die Besuche beim Anwalt, bei der Wahrsagerin, im Zoo und in der Tanzdiele entsprechen dem. Diese Episoden, die oberflächlicher Betrachtung möglicherweise als retardierende Momente erscheinen, sind doch sämtlich auf die zentrale Thematik und den Hauptstrang der Handlung bezogen: sie ziehen alle Marthas Vorhaben in Zweifel! Die Wahrsagerin kann ihr »wenig Glück für die Zukunft versprechen«, die Doppelgängerin Ursas im Zoo trifft nicht ihren Vergewaltiger, sondern offenbar ihren Liebhaber: »Der Geliebte? Die beiden redeten in einem Land, das Martha niemals betreten« (vgl. ›Susanna‹: »Ich wußte nichts, ich hatte nie geliebt«), der Anwalt schließlich führt ihre Rachevorstellungen argumentativ ad absurdum.

Albert Renkens, dem Geliebten gegenüber bleibt sie dennoch bei ihrem Rachemotiv – »Wenn einer mir helfen, versprechen würde, den Mörder meiner Ursa zu suchen, daß ich dann ...«, aber diese Rechtfertigung gibt sie vor sich selbst schon vor der ersten Begegnung mit ihm auf: »Sie dachte brutal: Heutabend oder gleich jetzt nachmittags soll er in meinem Bette sein. Er soll mich decken. Ich bin heiß. Ich liebe ihn nicht. Aber er soll meinen Willen tun, und ich muß dafür zahlen.« Das ist die gleiche ichbezogene Haltung wie dem Ehemann gegenüber. »Ich liebe ihn nicht. Ich liebe sein Haupt an meiner Brust, ich will seinen Mund, die Lende. Er soll mir auch leisten, was ich gefordert, mein Wort führen, meine Wege gehn, den Mörder meines Kindes verderben, und dafür will ich ihm lohnen. Das ist eine glatte Rechnung.« Aber die Rechnung geht nicht auf; ein solch rein instrumentales Verhältnis zur Wirklichkeit ist nicht durchzuhalten. Es ist Selbstbetrug zu sagen »Er hat ausgedient. Was man nicht mehr braucht, fliegt zum Müll«. Selbst als sie Martha diesen Gedanken aussprechen läßt, distanziert sich die Erzählerin: »Was sie nicht wußte: sie seufzte.« Aus der Position solcher Absage an den Partner, d. h. an die Welt, ist der Versuch, den Weg zurückzugehen in die Einsamkeit mit dem eigenen Geschöpf, nur konsequent. Martha sucht das Foto Ursas hervor; es »sollte ihr helfen«. Doch der Versuch der Regression mißlingt: »Es war nicht gekommen, was sie so innig erharrt. Dies Knien, Versinken vor totem Glück, dies Ansichpressen, Ergriffensein von einer brennenden Welle.« Sie erkennt, sie ist »allein«.

Dieses Erlebnis weckt Marthas Bewußtsein – sowohl mit Blick auf das Kind als auch für ihr Verhältnis zu Albert: »Ich lieb ihn schon so«, erkennt sie und erinnert zugleich: »Auch du hast dein Kind ermordet.«

Aber solche Erkenntnis vermag sie nicht zu ertragen. Ein Wirklichkeitsschock wirft sie aus dem Moment des Bewußtseins wieder in ihren Autismus: Obwohl sie mit einer »gewöhnlichen Handlung«, einem »allgemeinverständlichen Wort« versucht, sich »aus ihrem Wahnnetz (zu) lösen«, »schwankte« im Spiegel »ein fremdes Weib ihr entgegen, ein schweißig glänzend gedunsnes Gesicht und stiere, entsetzte Augen«.

Aus der Eingeschlossenheit fällt sie nun ins entgegengesetzte Extrem. Sie will nicht mehr die Welt ausbeuten, sie gibt sich ihr hin: »Ich bin deine Dirne.« Sie zerreißt das Bild des Kindes. »In der ersten Zeit hast du Götzendienst mit deiner Ursa getrieben; jetzt schlägst du den Götzen entzwei. Eins ist so falsch wie das andre.« Sie verliert damit den Mann: »Was hatte sie noch? Nichts.« Für Martha Jadassohn bleibt nur die Rückkehr in das Idyll des Beginns: »Als es (Ursa) sah, daß der fremde Mann enteilte, die Tür ihm nicht länger verschlossen blieb, schlüpfte es bald zur Mutter hinein (...) Nun hing es an ihrem Halse. ›Ursa ...‹ Sie glänzte. Sie lächelte. Sie liebte es sehr.

Ihr hatte ein Kronreif aus eilendem Licht, den Torheit erblindet wähnte, zerbrochen, sich lautlos geklärt und gefügt.«

Dies ist nicht der Schluß. Wäre er das, es bliebe nur das Urteil ›Kitsch‹, als die noch dazu sentimentale Scheinlösung eines vorher doch mit aller Ernsthaftigkeit gestalteten Konfliktes.

Gleichwohl ist es aus der Sicht Marthas der einzig mögliche Schluß. Ihr Scheitern markiert ja nicht die Banalität ›poetischer Gerechtigkeit‹ (sie war der Welt gegenüber egoistisch, jetzt rächt sich die Welt), sondern die zeitgeschichtliche Unmöglichkeit, den erlangten Bewußtseinsstand in dieser Welt auch zu realisieren. In

Alberts Wohnung findet sie vor ihrer letzten Unterredung eine antisemitische Hetzschrift aus einem Geist, von dem auch Albert geprägt ist (»inzwischen ist es so festgewurzelt, daß ichs nicht ausreißen kann«). Dieses Erlebnis gibt ihrem individuellen Ende die geschichtliche Perspektive: »Wir haben Rom überstanden, Byzanz in Trümmern gesehn; auch dieser Feind hier wird uns nur töten, wenn wir uns selbst verderben. Wir müssen stark und tapfer sein, wieder zu sinken, zu tragen... Wir müssen nur wieder in uns hineingehen; dahin kann uns keiner mehr verfolgen.« In sich hineingehen – das tut Martha Jadassohn.

Die erste Ausgabe der Erzählung erschien auf Drängen der Schwester mit dem verkürzten Titel ›Eine Mutter‹. Die zitierte Passage macht deutlich, wie wichtig der vollständige Titel für die Erzählung ist und wie recht der Herausgeber der 2. Auflage daran tat, auf ihn zurückzukommen. Als »jüdische Mutter« ist der Schluß zu akzeptieren. Getrud Kolmar hat sich freilich nicht damit zufrieden gegeben, daß auch die Annäherung an die künstlerische Existenz ›von innen‹ schließlich nicht zum Erfolg führte. Unvermittelt folgt dem Ende der Erzählung ein »Zeitungsausschnitt«, die Notiz über den Unfalltod eines jungen Mannes. War er der Verbrecher, der Ursa schändete? Der Text gibt keinen Hinweis. Der Zeitungsausschnitt als Partikel objektiver Wirklichkeit steht unvermittelt neben der Fiktion der Erzählung. Die Verbindung vermochte Gertrud Kolmar nicht zu leisten, so formulierte sie es als Aufgabe für den Leser.

Bernd Balzer